金運風水

幸せいっぱい！

李家幽竹
李朝風水師

高橋書店

はじめに

「あの人って金運いいよねぇ」と思わず言ってしまうことってありません？　そう言っているあなたと、「金運のいいあの人」との差は、いったいどこでできてしまったのでしょうか。

それは「環境」によるもの、と風水では考えます。

環境とは、衣食住それと自分の行動全般。もし今、金運がないと感じているのなら、それは自分の環境の中に、必ず原因があるはずです。

自分の環境を見直すことで、金運は必ず上がるはず。ただし風水では、お金をたくさん持っているだけの人を「金運のいい人」とは言いません。金運のいい人とは「楽しく使えるお金を持っている人」また「お金が循環している人」を指します。

生きたお金を使えない人は、お金から生じる「陰」の気の影響を大きく受けてしまいます。金運を表す「金」の気は、豊かさや楽しみ事を司るので、楽しく、心を豊かにするために金運を得ようという意識を持つことが、金運アップのためには実は、最も大切なことなのです。

みなさんも本書を上手に使って、楽しみながら「金運のいい人」と呼ばれるようになりましょう。

李家幽竹

目次

はじめに 3

STAGE 1 Basic

風水で金運を呼び込むには

- 金運アップのスタートポイント 8
- WHAT'S 金運？ 10
- WHAT'S 風水？ 12
- 金運チャートチェック 14
- [コラム] 季節の気を知って金運アップ！ 一年間の金気の巡り方 18

STAGE 2 住

金運が上がる住環境をつくろう！

- WHAT'S インテリア風水？ 20
- 住環境チャートチェック 22
- 各部屋ごとの金運アドバイス
  - 玄関 26
  - キッチン 28
  - リビング＆ダイニング 30
  - ベッドルーム 32
  - トイレ 34
  - バスルーム 35
  - 洗面所 36
- お金の置き場ワースト3 37
- ＋αで金運アップ！ オススメのインテリア＆雑貨 38
- あなたの行動が金運を決める！ 実行したい5か条 40
- WHAT'S 花風水？ 42
- この花に金運あり！ 43
- 方位に合った飾り方で金運アップ！ 44
- [コラム] 金運には黄色がいいってホント？ 46

CONTENTS

STAGE 3 食 食物からダイレクトに金運を吸収！

- 食生活チャートチェック … 48
- WHAT'S 食風水？ … 50
- コレで金運が変わる！ 食べ方アラカルト … 52
- 金運アップのスーパー食材はコレ！ … 54
- 金運アップのオススメメニューBEST3 … 56
- 金運アップの食事タイムテーブル … 60
- 旬を食べてフレッシュな金気を取り入れよう！ … 62
- [コラム] 酒風呂で金運体質になる！ … 64

STAGE 4 衣 とっておきの金運ファッション大公開

- ファッションチャートチェック … 66
- WHAT'S ファッション風水？ … 68
- コレが金運アップの最強ファッション！ … 70
- パーツ別金運アップのポイント
  - 頭・目 … 72
  - 首 … 73
  - 手・指 … 74
  - 足 … 75
  - 髪 … 76
  - 化粧 … 77
  - 宝石 … 78
  - 香り・アロマ … 80
  - 肌 … 81
  - 財布 … 82
  - 小物 … 84
- シーズン別オススメ金運ファッション … 86
- [コラム] 金運下着で運を肌から吸収！ … 90

CONTENTS

STAGE 5 旅

金運アップのオススメ旅行術

- WHAT'S旅風水？ …………… 92
- 正しい方位を知って運をゲット！ …………… 94
- 本命星の割り出し方 …………… 96
- 一白水星の吉方位 …………… 97
- 二黒土星の吉方位 …………… 98
- 三碧木星の吉方位 …………… 99
- 四緑木星の吉方位 …………… 100
- 五黄土星の吉方位 …………… 101
- 六白金星の吉方位 …………… 102
- 七赤金星の吉方位 …………… 103
- 八白土星の吉方位 …………… 104
- 九紫火星の吉方位 …………… 105
- 方位別開運キーワード …………… 106
- 風水的オススメSPOT大公開！ …………… 110
- [コラム] 温泉に浸かって開運&リフレッシュ！ …………… 112

STAGE 6 Advice

即効性抜群！ 金運風水エトセトラ

- 金運風水Q&A …………… 114
- 現金をゲットするには？ …………… 115
- 給料をアップさせるには？ …………… 116
- ギャンブル運を上げるには？ …………… 117
- 良い不動産を手に入れるには？ …………… 118
- 飲食店を繁盛させるには？ …………… 119
- ダイエットや整形は良くないって本当？ …………… 120
- なぜかお金が貯まらない… …………… 121
- 老後にお金に困らないようにするには？ …………… 122
- 気がつけばローンの山…対処法を教えて！ …………… 123
- 玉の輿に乗るには？ ……………

用語集 …………… 124
おわりに …………… 125
李家幽竹プロフィール …………… 126

Basic

風水で金運を呼び込むには

今のあなたには金運がある?

金運はほしいけれど、今の自分をどう変えればよいのかわからない……。そんな人はここをチェック! 金運アップのための近道をナビゲートします。

笑顔がある生活を毎日送っている?
→笑顔は「金の表情」。たくさん笑って金運もゲット
STAGE2　P40へGO!

気がつくと、つい愚痴を言っている。
→自分で言うのも人から聞くのも
STAGE1　P15へGO!

部屋なんて住めればいいと思っている。
→住環境は今のあなたの状態を映す鏡!
STAGE2　P22へGO!

STAGE・1 Basic

睡眠不足が続いてグッタリ…。
→何の運を上げるにも睡眠は大切！
STAGE2　P㉜へGO!

食事は毎日ファストフードや
コンビニで買ってひとりでご飯。
→何をどう食べるかで金運も変わる
STAGE3　P㊿へGO!

服装はいつも同じようなものばかり。
季節感もあまりないの…。
→変化をつけないと運は停滞するばかり
STAGE4　P㊻へGO!

最近楽しいことが
めっきりと減った。
→どれだけ生活を楽しめているかで
　その人の金運がわかる
STAGE2　P㊶へGO!

WHAT'S 風水?

風水の基礎知識

環境や行動を見直すことで大きく変わる運気。それを改善していくための指針となるのが風水です。歴史や考え方を知って、正しい風水の知識を身につけましょう。

風水って何?

「風水」とは「気(万物が持つ生気のようなもの)」の力を利用した環境学です。環境学というと難しく聞こえますが、要するに「自分の心に影響を与えるすべて」＝「環境」を使って、運を鍛えるマニュアルだと思ってください。

風水の基本的な考え方は「環境が運を決める」ということ。言い換えれば、環境を整えれば運は鍛えていくことができるのです。「自分は運が悪い」とあきらめてしまう前に、まずは身のまわりの環境を見直してみましょう。例えば毎日の衣服や食べ物、インテリアなど。それらを風水に従って整えていくことで、運は簡単に上がっていきます。

ではどのくらいで効果が表れるのでしょうか? それは人によって異なりますが、一般的には3か月〜4か月が目安です。きちんと実践できている人の中には、始めたその日から運気が良くなったと感じる人もいますが基本的には、徐々に運が良くなっていくのを実感できるはずです。

風水の歴史を教えて!

風水の歴史は約四千年前の中国までさかのぼります。中国では紀元前から風水を用い、良い土地を探してきました。このため風水は地理学と呼ばれ、主に都市計画や墓所、城造りなどに利用されていました。

STAGE・1 Basic

また風水は、国を守り大きくするための軍学としても効果を発揮してきました。地の利を得るだけではなく、時を読む学問としても軍師たちが用いてきたのです。日本においても国家レベル、都市レベルで利用されていた跡が至る所にみられます。

しかし「個人レベルで使える風水」を飛躍的に発展させたのは、李朝時代の朝鮮でした。中国のように広大な国土を持たない朝鮮では、風水は「身近なところから運気を鍛える学問」として受け入れられたのです。それは都市計画はもちろん、室内インテリアや衣服、食にまで及び、体系化されていきました。これが「李朝風水」です。

風水って占いじゃないの?

風水を占いだと思っている人は多いと思いますが、占いではありません。東洋医学系の整体や気功に似ていながら、もっと広い範囲を扱うものだと考えてください。その範囲は人体だけではなく、土地、住宅、軍学、時間、宇宙、心理など、無限に広がっています。風水に含まれるものの中には独自に進化し、まるで占いのようになっているものもありますが、元は風水のほんのひとパーツから生まれたものです。

これから紹介するものも含め、風水の法則はすべて経験的事実に基づいています。風水とは、つまり「東洋の知恵を集めた結晶」なのです。

本当の金運を手に入れるために知っておきたいこと

五行は、それぞれが違う運を司っています。ほしい運をつかむためには、その五行が象徴するものを身につけたり、行動したりすると効果的です。

表1 ●五行別・運気と象意

五行	主な運気	象意
木 	仕事運 発展運	情報　言葉　音　向上心　AV機器　情報機器 木製の物　コットン　若々しい行動 マスコミ　流行のもの　スポーツ
火	美容運 人気運	地位　ステータス　直感力　芸術　美　別離 プラスチック　光るもの 感性を生かした仕事　ギャンブル
土 	家庭運 不動産運	努力　安定　継続　貯蓄　転職 和風やアジア調の物　陶器　底が厚くない靴 ストレッチ素材　ガーデニング
金 	金運 スポンサー運 事業運	楽しいこと全般　人からの援助　豊かな生活 金銭　飲食　悦楽　貴金属　甘いデザート 刃物　丸い形状の物　老舗ブランドのグッズ 高級感漂う品の良いファッション　ジュエリー
水	恋愛運 交際運	信頼　交際　交流　秘密　男女の情 水玉柄のもの　性別に合ったファッション 水　日本酒　シフォン素材

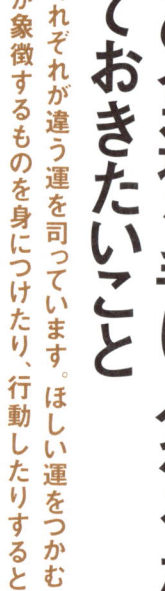

金運ってどんなもの？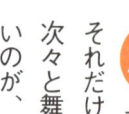

金運とは「豊かさをもたらす運」です。金運がアップすれば、まず金銭面で豊かになりますが、それだけではなく、心豊かに暮らせるように楽しみ事が次々と舞い込むようになります。注意しなければならないのが、お金のことでガツガツしてしまうこと。それによって日々の生活を楽しめなくなると、金運はみるみるダウンしてしまうからです。「本当に金運が良い人」は身近なところに楽しみを見出し、それを育てていける人なのです。

金運アップのための陰陽五行説って？

「陰陽五行説（いんようごぎょうせつ）」とは、風水のベースとなる考え方です。

STAGE·1 Basic

図1 ●五行相関図

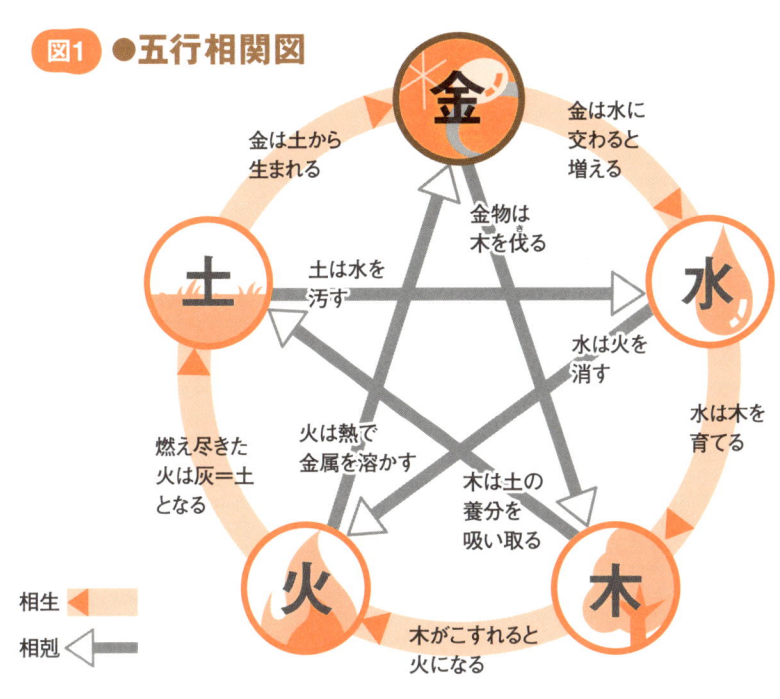

陰陽説…すべてのものには「陰」と「陽」があり、その2つの気は、対立し合いながらもお互いを支え合う関係との説（P22 表2参照）。

五行説…すべてのものは「木」「火」「土」「金」「水」の5つの要素で成り立ち、そのいずれかに分類されるとの説（表1参照）。

自然界は「陰陽」と「五行」の組み合わせで成り立っています。では金運を上げるためには、陰陽五行説をどのように使えばよいのでしょうか？

陰陽は2つの性質をバランスよく取り入れることが大切です。また五行は、お互いを生かし合って運気を上げる「相生」関係と、対立し合って運気を下げる「相剋」関係を上手に使うことが重要になってきます（図1参照）。

風水には「金は土の中から生まれ、水に交わると増える」という法則があります。そのため「土」と「水」の要素をどう扱うかが、金運を左右する重要なポイントになります。さらに相剋関係にあるのが「火」。これに交わると「金」は溶かされて勢いを失ってしまうので要注意です。

五行の性質をしっかりととらえ、生活の中の適材適所に取り入れて、金運アップを目指しましょう。

金運アップのスタートポイント

金運を手に入れるために一番大切なのは、物事を楽天的にとらえること。「笑う角には福来たる」のことわざ通り前向きに、笑顔で、良いことは思い・考え・口にすることで、運気は開けてきます。そのためのステップをアドバイスしましょう。

基礎編

STEP1・考え方

自分自身を動かす基となるのは、その人が持つ「考え方」。金運をつかむために一番手っ取り早くて効果のある方法が、自分の考え方を変えることです。

POINT1・暗くて後ろ向きな感情はNG

「辛い」「悲しい」「苦しい」などの暗い感情は、思うだけで運気を下げてしまいます。そんなときは「言葉の言い換え」がオススメ。発想を前向きに切り替えることが大切です。

例【貧乏で毎日が辛い……】→ NG!
【楽しく過ごせば金運もついてくる!】→ OK!

POINT2・心を豊かにすること

「天下の回りもの」である金運は、ガツガツとそれだけをつかもうとする人よりも、恋愛運、仕事運などをバランスよく求める人のほうへと巡ってきます。やりたいことや良いと感じたことはすぐに実行! 前向きに、行動的に過ごすことで、金運アップの道は開けるのです。

STEP2・話し方

考え方を変えたら、次に必要なのはそれに伴う「話し方」。言葉には、話し方を司る「音霊(おとだま)」と、話の内

STAGE・1 Basic

容に宿る「言霊(ことだま)」と呼ばれる力が備わっています。音霊と言霊を良いものに変えていけば、自分の運も見違えるほど良くなっていきます。

POINT1・前向きな言葉を口にする

言った言葉はそのまま自分に返ってくるもの。「楽しい！」「ハッピー！」などの前向きな言葉を口に出すことで、言った通りの状態に近づいていきます。

POINT2・愚痴は言わない・聞かない

愚痴などのマイナスな言葉は、言った言葉同様自分に返ってくるのも×(バツ)。聞いた言葉は、言った言葉同様自分に返ってきます。もし身近に愚痴ばかりこぼす人がいたら、常に笑顔で受け答えし、相手の愚痴を言う気をそぐのも一つの手です。

実践編

STEP1・大きな声ではっきり良い音を出す

風水では、声の大きな人や音の流れの良い人を、運の強い人、との見方をします。良い音の流れとは語尾が上がり、リズムがあり、はっきり区切るような音のことです。まず相手に自分の声が伝わり、次に話の内容が伝わり、最後に思いやりの心が伝わる話し方が最も良い話し方です。

そのためにもまずは大きな声で、はっきりと良い音を出すことが大切なのです。

STEP2・「金」の話し方を身につける

話し方にも五行の気があります。金運をアップするには、相手に楽しげな印象を与える「金」の話し方を心がけましょう。自然な笑顔を絶やさず話すことから始めてください。

あー

対処法

考え方や話し方を変えてみても、どうしても運気が開かない……という人は、次の対処法にトライ！

●発声に問題がある

音の力がやってくる家の東方位の環境を整えます。東方位にガラス製品を置いたり、赤い花を飾ってみましょう。東が吉方位（P97〜105参照）のときは出かけるのも効果的です。

●家族からマイナスな言葉を受けてしまう

家族の方位である南西が乱れている可能性があります。この方位には「土」のものを置いて、気を安定させてください。また、リビングやダイニングなどの家族が集まる場所には、絶えず花を飾りましょう。

STAGE·1 Basic

● 人間関係からマイナスな言葉を受けてしまう

縁の方位である南東に気を配ります。この方位を散らかしていると人間関係の中からマイナスな言葉を受けやすくなってしまいます。花などを飾って、良い縁を引き込むように心がけましょう。

● 自分からマイナスな言葉を発してしまう

家の西方位を明るくして、生活の中にできるだけ丸いものを取り入れましょう。丸い形状は「金の気」を持っているので、身につけたり、目にするだけでも○。金の気の持つ楽しい運気を吸収して性格が明るくなり、マイナスの言葉が寄りつかなくなります。

● 怒りっぽく、ケンカが絶えない

南の凶意が出ています。南方位や窓辺に観葉植物を置きましょう。イライラが収まり、自然とマイナスな言葉が消えていきます。

季節の気を知って金運アップ！
一年間の金気の巡り方

一年に四季があるように、金気の巡り方にも季節があります。季節はそれぞれに五行の気を持っていて、その時季に適した行動をとることで、金運を上げていくことができます。

冬 12月～2月　水の季節

体の中の水を美しい水に変える！

金運アップのための行動をスタートさせるのに最適。まずは体に溜まった悪い水＝ストレスを流しましょう。ぬるめのお風呂にゆっくりと浸るのが最も効果的。

春 3月～5月　木の季節

仕事関係や仲間とのコミュニケーションを大切にしながら、交友範囲を広げましょう。この時季に築いた縁が、のちのち金運アップにつながります。

メールアドレスの交換が吉

梅雨 6月　水の季節

「金気」を増やす絶好のチャンスでもある水の季節が再来。金運アップの行動をとりつつ、溜まりやすいストレスを軽減させます。笑顔を常に忘れずに。

新しい傘を買って気分を入れ替えて

夏 7月～8月　火の季節

出費がかさむ時季なので、割り切りが大切。ケチケチせずにレジャーや旅行などを思いっきり楽しんで！

ケチケチしないこと！

残暑 9月　土の季節

身のまわりを整理することも含め、収納をチェック！　いらないものはすぐに処分。

スッキリ収納させよう！

秋 10月～11月　金の季節

一年間の行動が実を結ぶとき。衣食住を楽しむベストシーズンです。

生活全般を楽しんで

住

金運が上がる住環境をつくろう！

住環境

チャート・チェック

こんなお部屋には金運がない⁉

自分の「今の状態」はすべて家の中に表れます。きちんと整えてこそ金運はもちろん、ほかの運もアップ。チェック項目を参考に、金運アップの部屋づくりを実践しましょう！

冷蔵庫の上に電子レンジを置いている。
→金運には最悪の組み合わせ。浪費に注意
P28へGO!

玄関に靴は出しっぱなし。
→運を踏みつぶしてしまうのでNG
P26へGO!

風水で良いというカラーにこだわったために部屋の色彩がアンバランス
→居住空間はバランスがとれていることが最も大切
P22へGO!

STAGE・2 住

日がさんさんとそそぐ
南枕で寝ている。
→イライラや衝動買いの原因に
P㉜へGO!

トイレはスッキリとモノトーンで
統一している。
→陰の気が溜まる典型。陰陽の
バランスを崩さないで
P㉞へGO!

お財布が、家の中でも
バッグに入れっぱなし。
→財布の置き場所が金運を左右
P㊲へGO!

ドライフラワーを
飾っている。
→死んだ花に運気はナシ!
P㊷へGO!

表2 ●陰陽例

| 陽⇕陰 | 男⇕女 | 昼⇕夜 | 生⇕死 | 天⇕地 | 温⇕寒 | 明⇕暗 |

表3 ●旺気と煞気の特徴

	動き方	性質	好むもの
旺気	S字流線	運を上げる	明るいもの、生き生きしたもの、良い音、良い香り
煞気	直線	運を下げる	暗くてジメジメしたもの、死臭、腐臭、汚いもの

WHAT'S インテリア風水?

インテリアで金運を導く方法とは?

良い気を持つ土地は選べなくても、今住んでいる部屋を金運アップできるように変えることはできます。そのためにも、まずはインテリア風水の基本をおさえましょう。

インテリア風水って何？

住環境は運に直結します。本来、良い気の土地を探して選ぶのが風水ですが、現代日本の住宅事情ではほぼ不可能なこと。ですから住居内の気の流れを、インテリアによって整えるインテリア風水は、より快適に、お金をかけずに、金運やほかの運気を上げる、最も実践しやすい方法といえるでしょう。

環境を整えるのに大切なことは？

インテリア風水では、まず第一に、陰陽（表2参照）のバランスが大切です。大地は「陰」に属するので、その上に建つ家や部屋は「陽」の気が強いほうがバランスがとれます。理想的なバランスは、陰

STAGE·2 住

図2 ●旺気の動き方

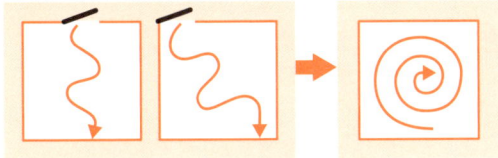

旺気は緩やかなS字を描いて進み、壁に当たると中心に向かって渦を巻きます。廊下など直線的な空間は、観葉植物や花を交互に置いて、旺気が入りやすいラインをつくります。

図3 ●座山の割り出し方

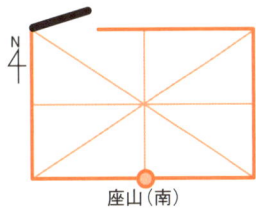

座山（南）

玄関や部屋の入口が北西にある場合
入口の反対側は南東から南西までですが、中心は南なので、座山は南。

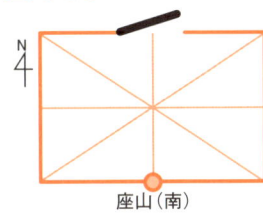

座山（南）

玄関や部屋の入口が北の中央にある場合
対峙（たいじ）するポイントが壁の中央になるので、座山は南になります。

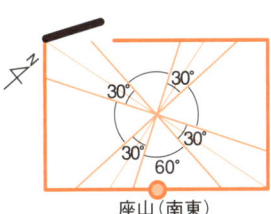

座山（南東）

真北の方位がずれている場合
入口が北から西のどの位置にあっても、座山は南東。

4：陽6。ただし女性は「陰」の気を持つので、女性だけの場合は陰3：陽7くらいが適当です。

次に「旺気（おうき）」と「煞気（さっき）」（表3参照）について知ることが大切。旺気とは良い気のこと、煞気とは悪い気のことです。ともに動き方が独特なので、旺気の動き方（図2参照）に合わせ、旺気が好むものを配置して通り道をつくるようにしましょう。

同時に、煞気が好むものを取り除くことで家の中に良い気が満ち、そこに住む人の運が上昇していきます。

カラーの選び方は？

基本をおさえたら、次に方位に合ったカラーを配置（P25参照）します。ただしワンルームなどで、各方位に合うカラーを用いるとバランスが悪くなってしまう場合は、まずメインカラーを決めてから、各方位のカラーをポイントに使います。

メインカラーの決め方で大切なのは、座山の方位を確認すること。座山とは、玄関や部屋の入口の、反対側の壁の方位（図3参照）を指します。この方位を基本に、部屋のメインカラーを決めましょう。

######### 家の運気を左右する「欠け」と「張り」 #########

正方形や長方形ではない家や部屋の場合、
欠けと張りを見分けて、運気の吸収を調整する必要があります。

●欠けと張りの見分け方…全体の面に対して、出っ張った部分が3分の1以上なら「欠け」、3分の1未満なら「張り」となります。

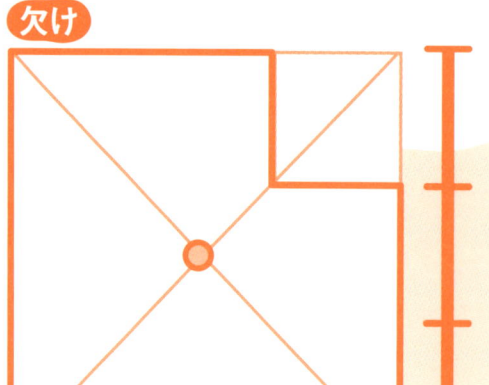

欠けがある場合

欠けている方位の運気を吸収するのが難しくなります。

対処法…欠けている方位の気を補うことが大切です。その部分が敷地内で自由に使えるのであれば、ガーデニングなどに活用します。無理ならライトで照らして木を植えましょう。また屋内のその部分は、壁に沿って観葉植物やライトを置きます。屋内外の両方で対処できれば完璧！

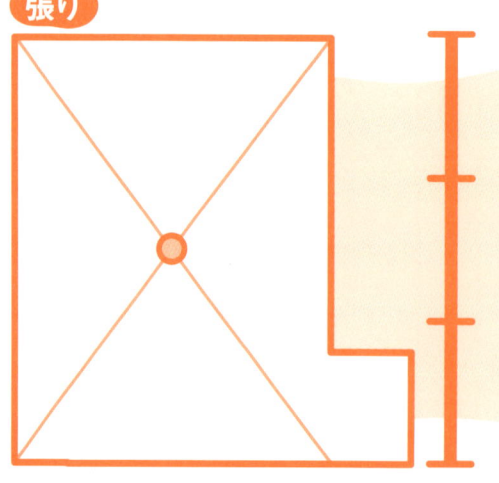

張りがある場合

良くも悪くも、張っている方位の運気が強調されます。

対処法…張った部分を汚くしておくと、煞気が生じやすくなります。常にキレイにしておくことが第一です。また張り出した空間は気が安定していません。そこで寝ることだけは避けましょう。無理な場合は観葉植物を多く置き、白やクリームイエローの花を飾りましょう。

STAGE・2 住

・・・・・・・・・・インテリア方位表・・・・・・・・・・

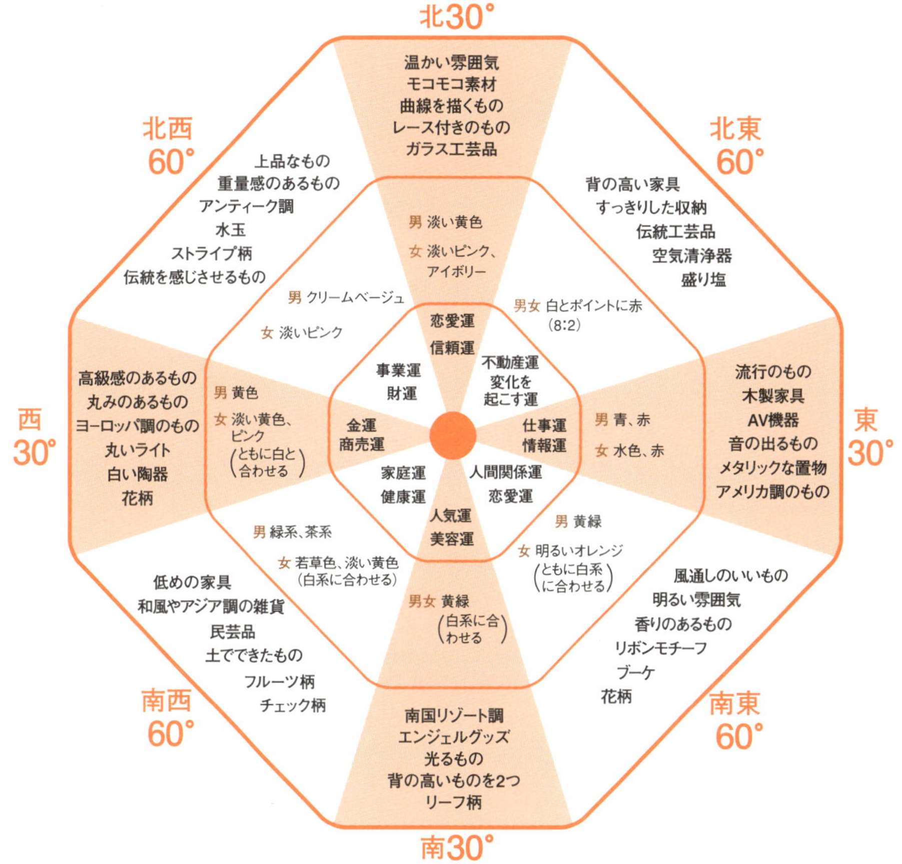

北30°
温かい雰囲気
モコモコ素材
曲線を描くもの
レース付きのもの
ガラス工芸品

男 淡い黄色
女 淡いピンク、アイボリー

北東60°
背の高い家具
すっきりした収納
伝統工芸品
空気清浄器
盛り塩

北西60°
上品なもの
重量感のあるもの
アンティーク調
水玉
ストライプ柄
伝統を感じさせるもの

男 クリームベージュ
女 淡いピンク

男女 白とポイントに赤（8:2）

中央（運気）
- 恋愛運 信頼運
- 事業運 財運
- 不動産運 変化を起こす運
- 金運 商売運
- 仕事運 情報運
- 家庭運 健康運
- 人間関係運 恋愛運
- 人気運 美容運

西30°
高級感のあるもの
丸みのあるもの
ヨーロッパ調のもの
丸いライト
白い陶器
花柄

男 黄色
女 淡い黄色、ピンク
（ともに白と合わせる）

東30°
流行のもの
木製家具
AV機器
音の出るもの
メタリックな置物
アメリカ調のもの

男 青、赤
女 水色、赤

男 緑系、茶系
女 若草色、淡い黄色
（白系に合わせる）

男 黄緑
女 明るいオレンジ
（ともに白系に合わせる）

南西60°
低めの家具
和風やアジア調の雑貨
民芸品
土でできたもの
フルーツ柄
チェック柄

男女 黄緑
（白系に合わせる）

南東60°
風通しのいいもの
明るい雰囲気
香りのあるもの
リボンモチーフ
ブーケ
花柄

南30°
南国リゾート調
エンジェルグッズ
光るもの
背の高いものを2つ
リーフ柄

方位の測り方

1. 見取図など家の形や間取りがわかるものを用意する。
2. 「張り」は切り取り、「欠け」は入れて、正方形か長方形をつくる（P24参照）。その四隅を対角に結んだ線の交わる所が中心点。
3. 方位磁石の針を北に合わせて中心点に立ち、各方位を割り出す。

※方位磁石は電化製品から出る電磁波の影響を受けやすいので、すべての電源を切って30分経ってから測ること。

（例）南東座山の部屋なら、男性が居る場合は黄緑、女性だけの場合は明るいオレンジがメインカラー。これに金運アップに重要な西・北西・北東方位に合う色をポイントに使う。

各部屋ごとの金運アドバイス

玄関

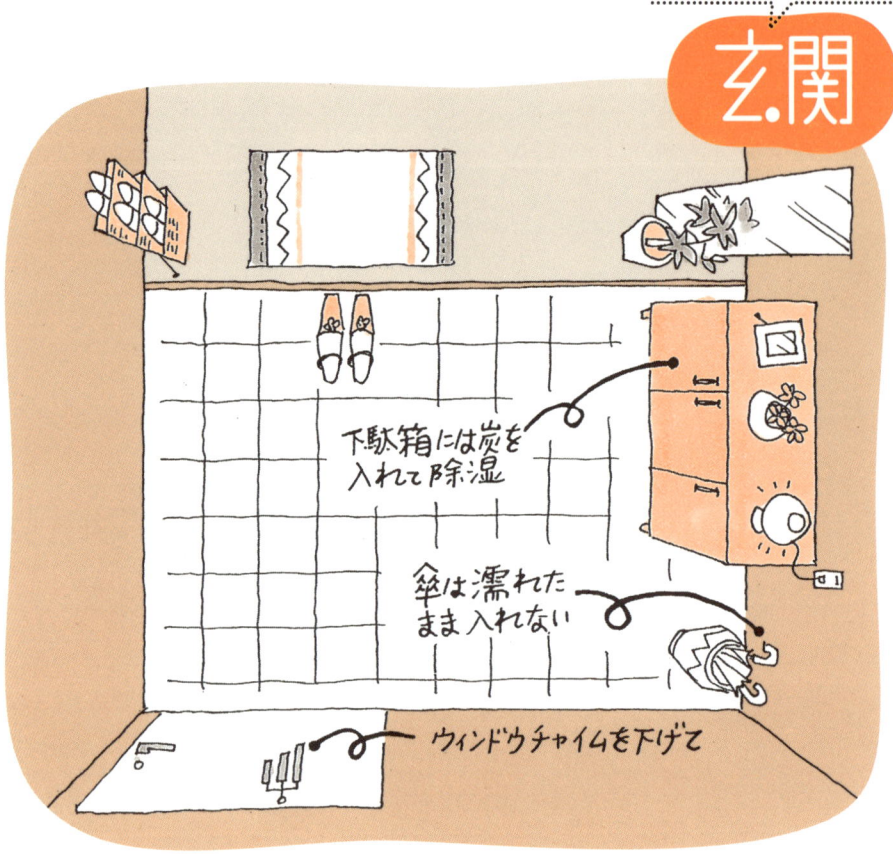

下駄箱には炭を入れて除湿

傘は濡れたまま入れない

ウィンドウチャイムを下げて

家の顔である玄関はすべての運の入口で、家の運を決定する場所です。まずはここを整えて、明るく清潔な場所を好む旺気を呼び込むことが金運アップにも重要です。

● 玄関はキレイに掃除し、光が入らない場合はライトを点けて明るくしておきましょう。

● 玄関をキレイにする意味も含めて、床の水ぶきは頻繁に。

● 家運を落とすので、靴は出しっぱなしにしない。泥や湿気をできるだけ取ってから、下駄箱にしまう。また不要な靴はすぐに処分する。

● 旺気を吸い取ってしまう人形やぬいぐるみはなるべく飾らない。

● ドライフラワーは花の死体。煞気が好む死臭を放つので、特に玄関には飾らないように。

● スペースがあれば、籐(とう)や木など天然素材のスリッパ立てを置く。スリッパは多少高級感のあるものを。

STAGE・2 住

········· 金運アップ！玄関まわりのアイテム ·········

表札
表札がないと主不在の家になってしまい、家全体の運気が下がります。素材は、男性が居る家は白系の石材かタイル、または木製。女性だけの家ならピンク系の石材か白っぽいタイル、または木製。宝石なら大理石や瑪瑙（めのう）がオススメです。

丸いライト
暗い玄関にはぜひとも置きたいアイテム。太陽の代わりになり、効果的。明るくすることで旺気を呼び込みます。金運には丸い形がベスト。

玄関マット
家の内と外を分け、煞気の侵入を防ぎます。しっかりした天然素材のものを選び、色は玄関のある方位（P25参照）に合わせましょう。

白い陶器の花瓶や鉢
丸いイメージの陶器製の花瓶に、旺気の好きな生花をラウンド状に生けます。飾ることに抵抗がある男性は、観葉植物で同じように飾ります。

鏡
太陽の方角（東方位から南方位）に向けたり、花や植物を映り込ませると運気アップ。ただし玄関正面は、せっかく入ってきた旺気を跳ね返してしまうのでNG。

高橋良男

各部屋ごとの金運アドバイス

キッチン

- 水あか・油汚れはしっかり落として
- プラスチック製の物は置かない
- キッチンマットは必ず敷く
- 冷蔵庫にはメモを貼らない
- 床下収納庫には食品を入れない

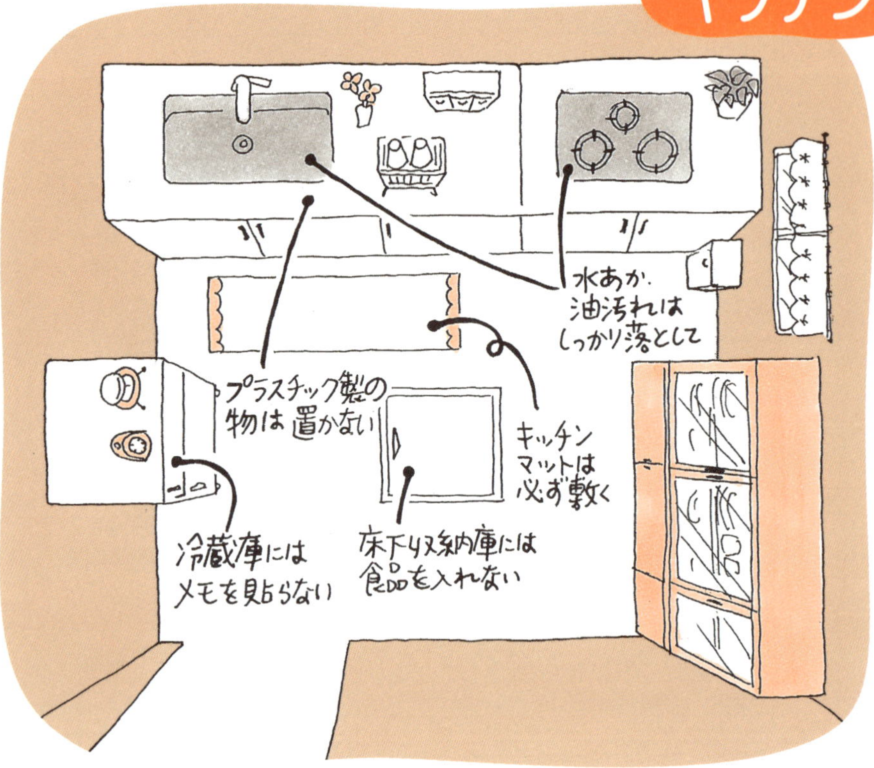

家計を「台所事情」というように、キッチンは金運を左右する一番重要な場所で、ここを整えなければ金運は上がりません。相反する火と水の両方を使う場所なので、気のバランスをとることに、特に注意が必要です。

● 水(流しなど)のそばには切り花、火(コンロなど)のそばにはグリーンを置くと効果大。

● 水の気を持つ冷蔵庫の上に、火の気を持つ電子レンジは置かない。やむをえない場合は、厚手の板を間に入れる。

● 食器を水切りかごに入れっぱなしにしない。また、しまった食器は伏せておく。

● シンク下に鍋や調理器具、や調味料などを収納。ここが乱雑だと、計画性なくお金を使ってしまうことに。

● 火の気を持つプラスチック製品は金気を燃やす。なるべく見えない所にしまうか、陶器製品に替える。

STAGE・2 住

……… 金運アップ！ キッチンまわりのアイテム ………

陶器の調味料入れ
調味料入れはなるべく統一して、目線に置くのが◎。キャニスターに入れ整理整頓(せいとん)も心がけて。

ピカピカの鍋や包丁
鍋の焦げつきは金運を落とすので、いつもピカピカに磨いておきます。包丁はまめに研いで、切れ味が悪くなる前に買い替えましょう。

ふたつきのゴミ箱
ゴミの臭気がキッチンに漂わないように、ふたつきの、小さめなものを選びます。ゴミは溜めずに、こまめに捨てましょう。

キッチンスケール＆タイマー
数字のついたスケールやタイマーはお金を表します。目に見える場所に置いておくと金運アップ。

カフェカーテン
窓は運気が出ていく所。キッチンにある金運が逃げていかないようカフェカーテンを。特に西日が射す大きな窓には必須(ひっす)です。

各部屋ごとの金運アドバイス

リビング ＆ ダイニング

家の主が過ごしやすい雰囲気

カレンダーはお気に入りのものを

家族が集まるリビングやダイニングは、家族全員の運気を左右する場所です。全体を温かいイメージで統一して、人が集まりたくなる雰囲気づくりを心がけましょう。

リビング

● テレビのそばはスッキリと。ゴチャゴチャにしておくと、家族の諍(いさか)いが起こりやすくなるので注意。

● 方位が家の北東・北・北西・西なら、淡い黄色か淡いピンク。南西・南・南東・東なら、淡い緑系や黄色系を基調にしたカラーでまとめる。

● 布製のソファーにクッションを偶数個置くと金運アップ。

● 鉢物の観葉植物を置けば「土」の気が強まり金運＋家庭運アップ。

STAGE·2 住

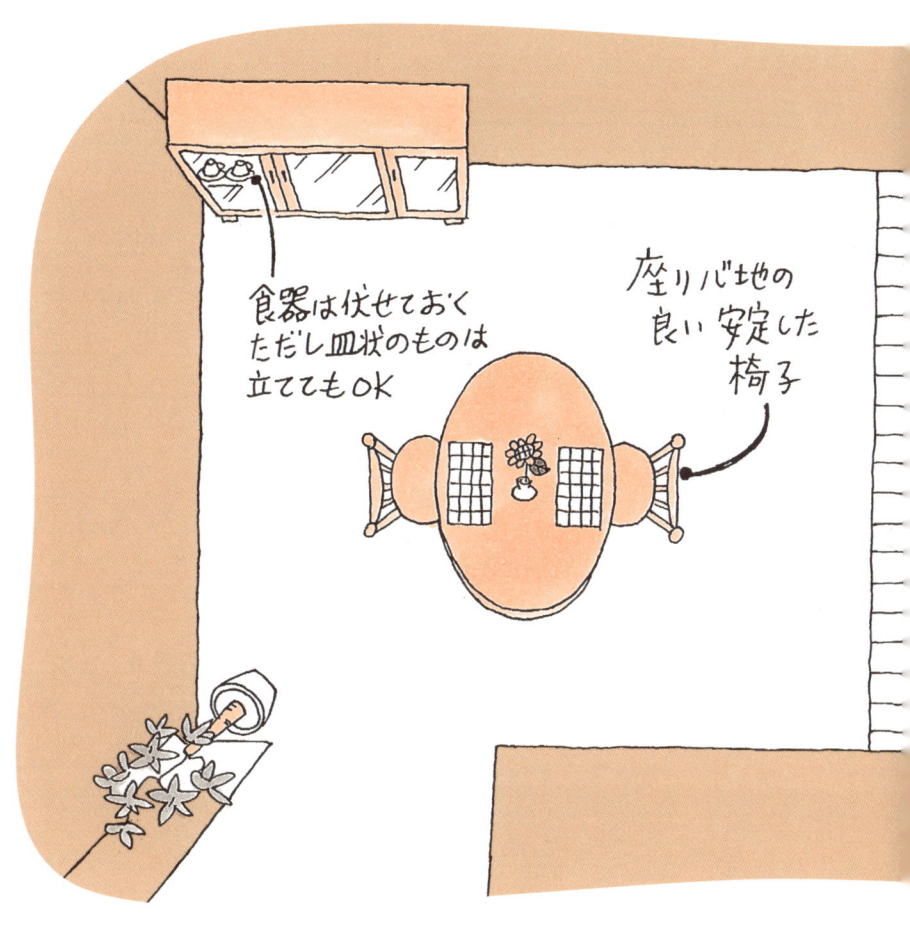

ダイニング

- テーブルの中央には、丸い一輪挿に季節の花を。食事しながら旬の花の気を吸収できる。
- テーブルは天然木などのナチュラルな素材がベスト。形は楕円や四角など、自分の面が確保できるものが◎。
- 丸テーブルなど、自分の面がきっちりしていないものの場合は、淡い色や明るい色のランチョンマットを必ず使う。
- 照明は明るめに。間接照明だけにしない。

各部屋ごとの金運アドバイス

ベッドルーム

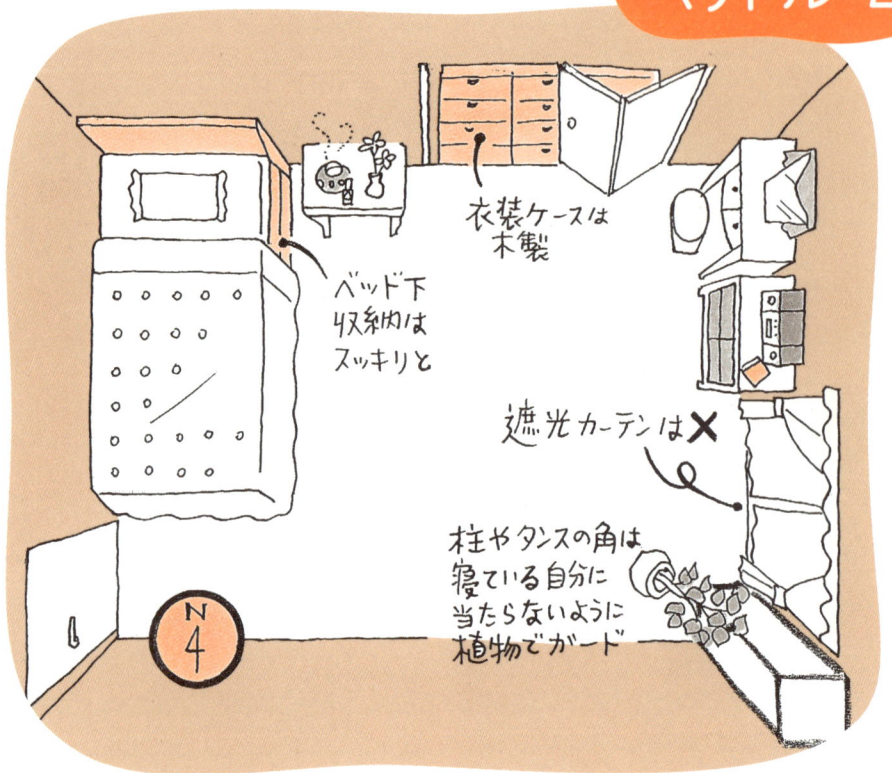

ベッドルームは金運に限らず、ほかの運を上げるためにも、玄関の次に大切な場所。人は寝ている間に運気を最も吸収するので、ここの環境を整えることは大変重要なのです。

● 金運アップを望むなら北枕が一番。火の方位である南枕は、最も不向き。向きを変えられない場合は、ファブリックを白ベースにし、枕元に白い小花を飾る。

● ベッドは天然木製がベスト。パイプベッドは運気を燃やしてしまうので、布で覆うなどの処置を。

● フィルターの役割を果たすカーテンは、必ず二重に。

● 睡眠中に運を吸収するのは無意識の行為。悪い気を取らないように、枕元は整理整頓を心がける。

STAGE・2 住

········ 金運アップ! ベッドまわりのアイテム ········

ファブリック
シーツが無地なら、ベッドカバーは水玉や花柄（夏場は特にヒマワリ柄）、またはストライプやチェックなどにしてバランスをとります。

アロマライト
部屋が真っ暗だと、運を吸収しにくくなります。小さな電球を点けるか、アロマライトを枕元に置きましょう。

財布
財布は寝室に置くと、金運アップにつながります。部屋の北方位にチェストなどを置いて収納します。押し入れがある場合は、箱などに入れてしまいましょう。

シルクのパジャマ
光沢のある素材は金運を呼びます。一番気を吸収する時間である睡眠時は、金運アップに最適なシルクのパジャマがオススメ。特に秋（金の季節）には効果的。

ドレッサー
女性の場合、ドレッサーは必須。鏡は太陽の方角に向けておくと、旺気を取り込みやすくなります。ただし寝姿が映ると、鏡の中の自分に運を取られてしまうので、その場合は夜だけ鏡をカバーで覆って。

各部屋ごとの金運アドバイス

トイレ

気が落ちやすく、昔はわざわざ屋外に設置されたほどの嫌われものですが、明るくしておけば問題ありません。無用な長居は禁物なので、読書や考え事は避けましょう。

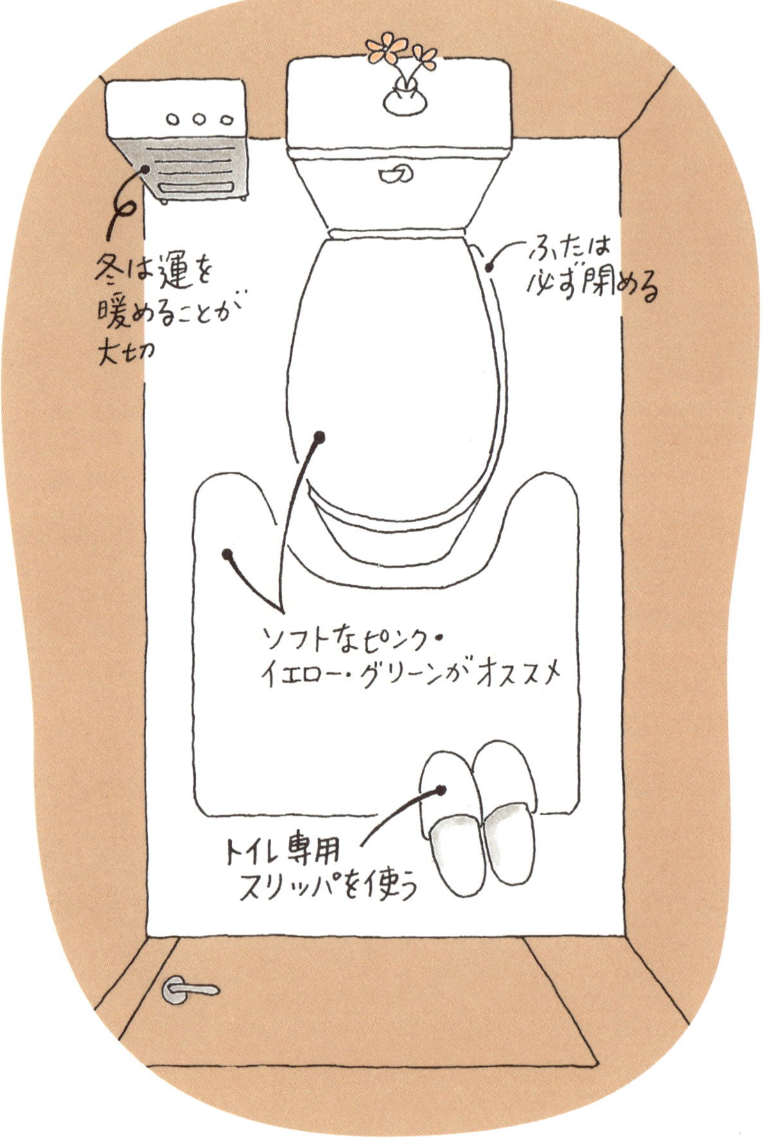

冬は運を暖めることが大切

ふたは必ず閉める

ソフトなピンク・イエロー・グリーンがオススメ

トイレ専用スリッパを使う

STAGE·2 住

各部屋ごとの金運アドバイス

バスルーム

一日に溜まった悪い気を流す場所。悪い気をまとったまま、気を吸収する睡眠時間に突入しないためにも入浴は夜の間に。また水場はお金を増やす所でもあるので、清潔に保つことが肝心。

- 一輪だけでも花を飾って。入浴時に持ち込んでもOK
- 残り湯は必ず流す
- 入浴剤は柑橘系かミルク系の香りを。天然塩が入ったものも◎
- 陶器かスチールのボトルに
- カビは運気ダウン。こまめに掃除と換気を
- 石けんケースはシェルモチーフがオススメ

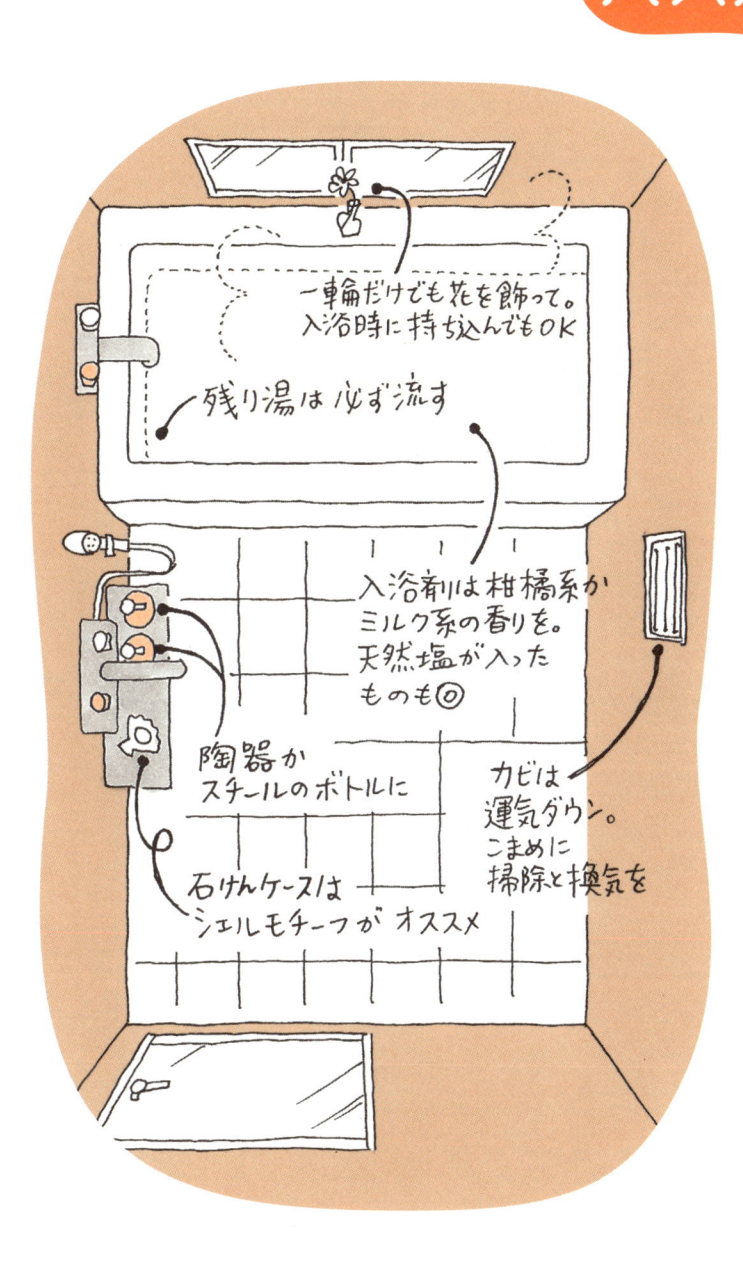

各部屋ごとの金運アドバイス

洗面所

水の気が集まる所なので、汚かったり湿気が多いと、途端に金運ダウン。できるだけ広く使う・余計な物は置かずにスッキリさせる・こまめに換気する、の3点を心がけましょう。

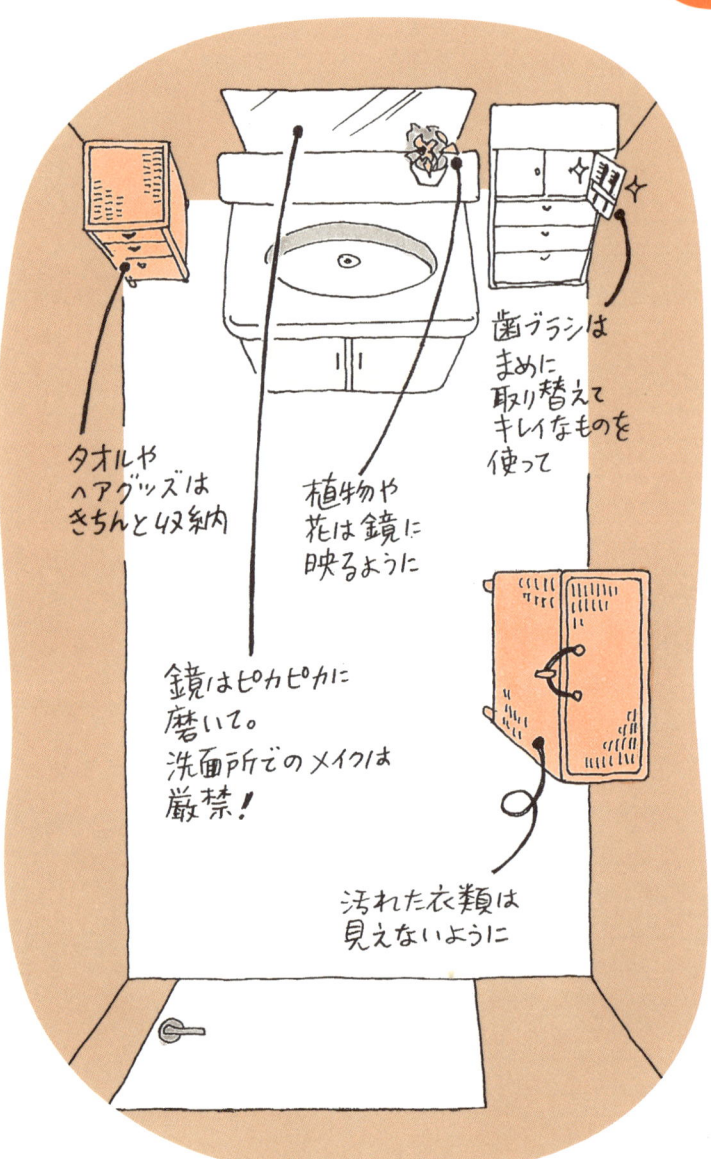

- タオルやヘアグッズはきちんと収納
- 植物や花は鏡に映るように
- 歯ブラシはまめに取り替えてキレイなものを使って
- 鏡はピカピカに磨いて。洗面所でのメイクは厳禁！
- 汚れた衣類は見えないように

STAGE・2 住

お金の置き場ワースト3

お金は、暗い場所で落ち着く性質があります。理想的な収納場所は、寝室の北側。無理な場合は押し入れなどの暗い所に箱などを置き、その中に入れます。何にせよ、お金専用の収納スペースを設けることが大切です。通帳や金庫を置く場合も同様の配慮を。

窓辺
日が当たり、お金は落ち着けません。

バッグの中
外出時に持つものの中では、お金も右から左へ流れてしまいます。

キッチンに出しっぱなし
家の中で最も強い火の気があるので、金の気は激しく消耗し、物欲がエスカレートしてしまいます。

+α(プラスアルファ)で金運アップ！ オススメのインテリア＆雑貨

住環境を整えるための基本をおさえたら、金運アップのためのインテリアや雑貨をプラスさせましょう。どこに置いて使ってもいいものを紹介します。

生花
白い陶器の花瓶に、黄色い花を飾って。これはどこに置いてもOK！

クッション
楽しい縁をもたらす作用があります。特に丸い形状には金銭的な縁が。ふちをリボンテープでかがったものがオススメ。

マグカップ
普段使っているものは、その気が直接体内に取り込まれるため、使う人の運気に大きく影響します。白がベースの柑橘類(かんきつ)モチーフや、黄色のものを。

STAGE・2 住

浄水器
キレイな水は金運を上げてくれます。キッチンだけではなく、浴室や洗面所にもなるべく取りつけて。

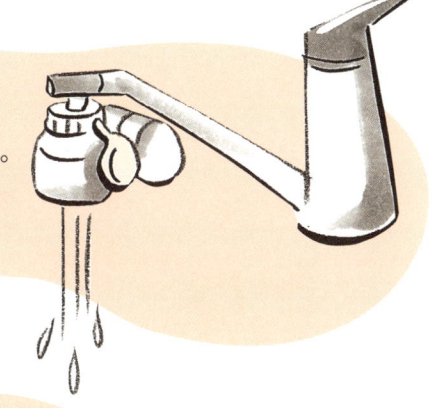

ピカピカの刃物類
ハサミや包丁など家で使う刃物は丹念に磨いて。古くなったらすぐ買い替えます。

ファブリック
水玉モチーフが効果的。原色を避けたソフトな色味のものを。

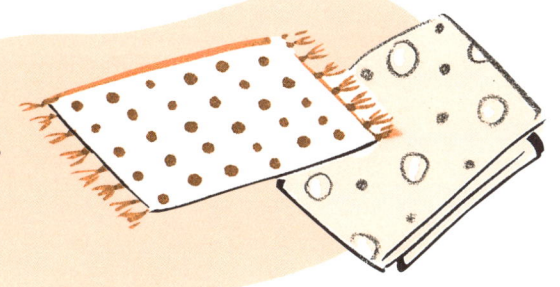

ライト
丸い形状のものは、金運の象徴です。玄関やリビング、ベッドルームに飾って。

あなたの行動が金運を決める！実行したい5か条

運気は、普段の何気ない行動によってもアップダウンします。特に金運アップに効果的な行動を5つ選び出しました。どれも簡単にできるので、さっそく実行を！

掃除
家の中をキレイにすることが風水の基本。特に玄関と水まわりを重点的に。自分から率先してやれば、さらに金運アップ！

笑顔
強い金気があります。楽しげに笑っている人には悪い気は寄りつきません。映画やテレビは大笑いできるコメディーがオススメ。

STAGE・2 住

夕日を見る
金運は西からやってきます。西へ向かう太陽＝夕日には、金気がたっぷり。晴れた日の夕方にのんびりと眺めましょう。

眠る
自分の気を抜いている睡眠中は運気を最も吸収できるとき。金運に合ったベッドルーム（P32参照）で、ゆっくり休みましょう。

趣味を充実させる
楽しいこと＝金運なので、積極的に楽しみましょう。料理や読書、またカルチャーセンターに通うのも◎。

WHAT'S 花風水?

花が持つパワーを借りて金運を得る！

花は見た目も心も癒してくれる強力な風水アイテム。
飾り方や種類を知って、金運を呼び寄せましょう。

花風水って何？

花は良い気を呼び寄せて運気をアップさせるアイテムです。どこに何の花を飾ってもいいのですが、どうせならより効果的に飾ったほうが得策。そのためのマニュアルが花風水です。もちろん花は金運アップにも有効なので、ポイントをおさえた飾り方で、運気をグングン上げましょう。

ドライフラワーは花じゃない？

風水でいう「花」とは生花。ドライフラワーは、花を乾燥させて（殺して）つくった状態なので「死」を意味し、これを飾ることは旺気を招くどころか逆に煞気を呼び込んでしまいます。また、ポプリを飾る場合は、塩を敷くなどの手を加えて。

花を飾るときの注意点は？

花は「女性」の意味もあり、その効果は多く女性に作用しますが、悪い気を吸い取るパワーを持っているので、男性が飾ってももちろんOK。花の持つ気は、大地に浸透しやすいものです。花瓶の下には必ず、白いタイルや布のコースターなどを敷いて、気が大地に流れてしまわないようにしましょう。また水を取り替えずに濁らせてしまうと、煞気を招いてしまいます。水は毎日取り替えて、枯れた花はすぐに処分するようにしましょう。

造花は生花の4分の1ほどのパワーを持っています。ただし生花を飾れない場合に取り入れるといいでしょう。ただし、いかにも模造品とわかるものや、汚れたものは使わないようにします。

STAGE・2 住

この花に金運あり！

花は種類によって、特有の力と効用を持っています。特に金運に効果的なのはこの5種類。P44の飾り方と合わせて生活に取り入れれば、金運がグッと上がります。

ヒマワリ（西）
陽の気が強く、最も強い金運を運びます。見ているだけで心が豊かになるので、夏季にはぜひ西方位に飾って。

ラナンキュラス（北西）
花そのものが持つ気と丸い形状が、楽しい気持ちにさせてくれます。北西方位に飾ると、仕事運から金運がアップ。

バラ（西など）
どの方位にもマッチし、黄色系に金運あり。元気がなくなってきたら、花びらを浮かべた「バラ風呂」もオススメ。

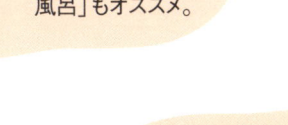

マリーゴールド（南西・西）
西から南西方位に飾れば金運アップに効果大。育てやすい花なので、鉢植えにしたり、ガーデニングに取り入れても。

マーガレット（北東）
北東方位に飾ると、貯蓄運を招きます。清楚なイメージの白い花は、グリーンと一緒に生けると効果倍増。

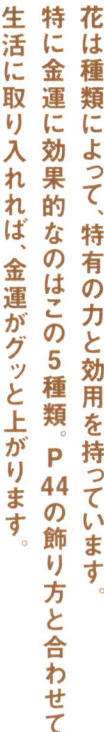

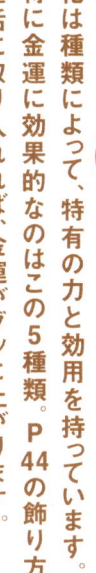

方位に合った飾り方で金運アップ！

金運を上げるには、西・北西・北東方位プラス南西方位を利用します。この4方位の気を、花という強力な風水アイテムで補強すれば運気もバッチリ！

西

とにかく現金がほしいなら、ぜひ活用したい方位。黄色の花に白い花を交ぜて、横広がりになるよう低めに生けましょう。また、濃い黄色と淡い黄色を1か月交替で飾ると、無駄遣いがおさえられます。花器はフルーツ柄のものや白い陶器がオススメ。この方位と相性の悪いNGカラーは「黒」。

北西

事業で成功を収めるなど、金運よりもっと大きな財運を得る方位。クリーム色や淡いピンクの、丸いイメージの花が好相性です。花器はヨーロッパブランドの白い陶器で丸いフォルムがベスト。ラウンドスタイルで上品に生けて。1本だけ飾りたい場合は、S字形の一輪挿も◎。

STAGE・2 住

北東

貯蓄運アップの方位です。溜まる運気と流れる運気の両方を持ち合わせているので、気を安定させることが重要。花器は四角い陶器が最適です。白い花をグリーンと一緒に、高く横広がりに。今までの金運が最悪だったと思う人は、赤い小花や実を少し加えれば運気が好転していきます。

南西

金運に直接的には結びつきませんが、特に西方位で得た現金を留めるのに一役買う土の方位。いつの間にか現金がなくなってしまう人は、この方位に鉢花を飾りましょう。切り花の場合は濃い黄色の花を低くなだらかに、陶製の花器に生けて。垂れるラインの観葉植物も効果的。

金運には黄色がいいってホント？

　黄色は金の気を持つカラーなので、「金運に黄色」は正解。ただし真っ黄色は金気が強力すぎてしまうため、多用すると金の象意である楽しみ事や飲食などで浪費してしまうことになります。特にプラスチック製の収納に真っ黄色を使うと、「自分はお金を持っている」錯覚に陥りがちになるので注意しましょう。

　また、合わせる色を黒にすると無駄遣いに加速がついてしまいます。黒は強すぎる水の気を持っているので、金運を上げるどころか、もともと備わっていた運まで流してしまうことに。

　真っ黄色で無難なものは生花くらいなので、インテリアにはパステルイエローや黄土色など、やや落ち着いた色を選びましょう。女性には特に強すぎる色なので、ポイントとして使う程度に留めておいたほうが賢明です。

STAGE 3

食

食物からダイレクトに金運を吸収！

食生活 チャート・チェック

金運が取れる食事をしてる?

食事は口から直接、体内に食物の持つ気を取り込むもの。1日3食としても、一年で千回以上にもなるので、その影響力は想像以上です。栄養を摂るだけではなく、運も取れれば、毎日をハッピーに過ごせるはず!

> ダイエット中だから甘いものはがまん!
> →デザートこそが金運アップの秘訣
> **P53へGO!**

GAMAN…

> 夜は刺身やフルーツなどの生ものが多い。
> →火を通さない食べ物は食べる時間帯を考えて
> **P60へGO!**

> 食生活に季節の変化はあまりない。
> →新鮮な旬の食材には強力な運気あり
> **P62へGO!**

STAGE·3 食

毎日の食事はラーメンなど
ファストフードがほとんど。
→毎日同じものの早食いでは、食物の
　気がとれず金運に悪影響を
　　　P52へGO!

揚げもの大好き!
一日に2回は食べる。
→生野菜や冷たいものと組み合わせないと
　金気が燃えてしまう
　　P51へGO!

塩素が含まれた水道水を
そのまま飲む。
→水は食風水の基本。
　金運はキレイな水によって強まる
　　P55へGO!

歯磨きが面倒なときは
ガムを噛んですませちゃう。
→歯は金運を司るのでいつも清潔に
　　P61へGO!

WHAT'S 食風水?

金運アップの秘訣は食事にアリ!

食事が金運に効くとはいっても、ただ食べるだけでは、効果は今一つ。本当の金運は食べ方のバランスや調理法などをきちんと理解してこそ生まれます。基本を覚えて応用すれば、食生活もグッと充実!

食風水って何?

食風水とは、食べ物そのものが持つ大地の気をバランスよく摂取することで、体の中から運気を上げていくものです。食事は、生きていくうえで必要不可欠なもの。その意味で、食風水は最も身近で誰にでもできる開運方法といえるでしょう。

金運を上げる食べ方は?

重要なのは、陰（生の食べ物）陽（火を通した食べ物）のバランスを整えること。それにプラスして自分がほしい運気を持った食べ物を摂取してください。金運を上げるには、水と土に属するものを摂りつつ、金のものをしっかり食べることが大切。また金の象意（P.12参照）には「飲食」が含まれています。食を楽しむだけでも、金運アップが期待できます。

金運を上げる調理法は?

食物の気は火を通すことで何倍にも高まります。ただし金運を上げたいなら、調理法に気をつけましょう。極端に強い火の気の食べ物ばかり摂ってしまうと、体内に蓄積された金の気を消耗させてしまうからです。特に電子レンジは、自然の火よりも強力なのでなるべく使わないようにしてください。次の基本的な調理法をチェックして、金運アップのための食事を心がけましょう。

STAGE・3 食

焼く
直接火にかざすことで、食材の運気が最大限に高まります。特に炭火は効果的。ただし火の気も生じますので、焼きものを食べるときは水を多めに飲みましょう。

煮る
じっくりコトコト煮込んだものには、土の気がプラスされます。浪費癖がある人や、目標を決めて貯金したいときには、この調理法を多く用いましょう。

蒸す
食材のパワーを高め、運気を中に閉じ込めるので、お金を貯めたい人に有効。また、瞬発的に運気を上げたいときにもオススメです。

揚げる
油そのものが火の気を持つので、火のパワーが最も強くなる調理法です。必ず、陰の気を持つ生の食べ物と一緒に食べてバランスをとりましょう。

コレで金運が変わる！ 食べ方アラカルト

運気の吸収率は食べ方によっても大きく変わってきます。
良い運を呼び込む方法を実践して金運アップを目指しましょう。

● **大勢で楽しい食事を**

食事は大勢で、にぎやかに食べるのが運気アップの基本。ひとりきりの食事は、陰の気が生じるので特に女性はタブーです。ひとりで食事することが多い人は、ラジオやテレビをつけて、陽の気を高めましょう。

● **旬の食材を選ぶ**

旬の食べ物は、そのときが栄養価も最も高く、風水においても強い気を持っているので、大きなパワーを吸収できます。また流行の食べ物は、いわば「時代の旬」。特に流行のデザートはオススメ。

STAGE・3 食

● ゆっくりと食べる

食べ物の運気を充分に吸収するには、ゆっくり食事することが大切。一日のうち1食は、食事に1時間以上かけましょう。早食いは、食べ物の運気を一瞬しか吸収できないので✕。

● 食後には必ずデザートを

甘くてこってりしたデザート（P59参照）は金運の象徴。「補充」や「余剰」の意味もあるので、お金を使いすぎたと思ったときにも効果的です。

● 食事の回数は多めに

空腹状態はイライラが募り、運気を下げてしまいます。特に金運アップには無理やがまんは禁物！ バランス栄養食などでもかまわないので、おなかが空く前に、こまめに食べて運気の補充を。

● 変化のあるメニュー

いつも同じものを食べていると、気が滞って運気を下げてしまいます。メニューは変化があればあるほど、食べ物が持ついろいろな気を吸収できます。

金運アップのスーパー食材はコレ！

ほぼ一年中手に入る食材の中から、特に金運と縁の深いものをピックアップしてみました。一週間のうち4回以上は、これらの食材を使ったメニューを！

肉類

十二支に登場する牛（丑）と鶏（酉）を方位に置き換えると、丑は北東、酉は西になります。ともに金運と縁の深い方位のため、食材としても金気を持つことに。

牛肉
お金を貯め込む力あり。衣（ころも）などをつけて調理すると、より大きなパワーを得られます。

鶏肉
金回りを良くしてくれます。その力を一層大きくするならローストにして。貯蓄したい人はピカタが最適。

乳製品

貯蓄運を持つ牛が出す乳には金気が。それを原料にしている乳製品は金運向きの食材。また乳の白い色は、水の気を持っているので、金気を増やすのにも役立ちます。

チーズ
お金を生んで増やします。そのままでもOKですが、とろけるタイプをグラタンやピザにのせれば効果アップ。

ミルク
ミルクを使った乳製品は、金運と好相性なので、料理に使ってもOK。就寝前のホットミルクは特にオススメ。

STAGE・3 食

その他

金運を上げる食材のポイントは、甘い・丸い・黄色の3点。また、水分を含んだ食べ物も金気との相性は抜群です。その中でも特に強い気を持つ食材を紹介します。

はちみつ
黄色いはちが作る甘いみつには金運を呼び込む作用が。パンケーキやホットドリンクなど使い道もいろいろ。

果物
特に柑橘系は色や香りも金運アップに向いています。旬に食べればさらにパワーアップ！

水
人の体の7割を占める水分を良い水で満たせば、金運アップは間違いなし。吉方位の水が一番ですが、マイナスイオン水や浄水器を通した水でも◯。

豆腐
水分を多く含む豆腐は、金運に効果的な水の食材。卵豆腐やごま豆腐もOK。

米
黄金色の稲穂から取れる米には財運の気が。金気の食材は陽の気の強いものが多いので、適度な陰の気を持つ米を摂ることで運気が安定します。

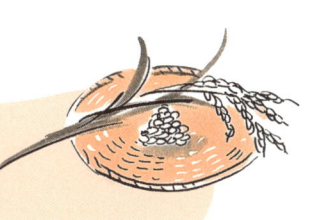

金運アップのオススメメニュー BEST 3

今日のご飯は何にしよう？と迷ったときに役立つ、部門別オススメメニュー！バランスよく和洋中を取り入れて。

洋食部門

第1位　ビーフカツ

下味や衣をつけることで、牛肉に備わっている貯蓄運がグングン上がり、お金が貯まっていきます。

和食部門

第1位　寿司

仕事運を一気に上げてくれるので、金運も一緒に急上昇。特に丸くて黄色い茶巾寿司はオススメ。

中華部門

第1位　チャーハン

財運の気を持つお米に、黄色の卵がからむので、大きなお金を作りたいときには最適。

STAGE・3 食

第3位 コーンクリームスープ
金の気を持つコーンと生クリームが水の気を持つスープになることで、お金が生まれます。

第2位 ポテトグラタン
ポテトの甘みと温かいチーズのとろける食感はまさに金の気。ポテトは輪切りにするとさらに金運アップ。

第3位 かぶと白身魚の蒸し煮
お金を増やしてくれる白身の川魚は蒸し煮が最高。そのエキスを吸った白いかぶがさらに効果を高めます。

第2位 お雑煮
ネバネバした粘り気がお金を連れてきてくれます。丸もちなら、さらに強力に。

第3位 牛肉とブロッコリーの炒めもの
房が積み重なったブロッコリーの形状は、お金を計画的に使えるようになります。

第2位 点心
点心は女性の運を一気に上げてくれます。特に蒸しものには、瞬発的に運気を上げる即効性が。

ドリンク部門

第1位 お酒
発泡性のものを食前に飲むと、無駄遣いを防いでくれます。女性には運気を補充する赤ワインが◎。日本酒やワインは産地にこだわって。

第2位 紅茶
金運を安定させます。砂糖やジャム、はちみつなどで甘くすれば、さらに運気アップ。お気に入りのティーセットで楽しみながら飲んで。

第3位 フレッシュジュース
果物の運気を丸ごと搾るので、金運アップには効果的。柑橘系など甘酸っぱいフルーツがいいでしょう。

一口メモ

産地がわかる飲み物は、自分にとって吉方位のものを選ぶことが大切。よく調べずに凶方位の飲み物を摂ってしまうと逆効果になってしまうので要注意です。吉方位はP97〜105を参照。

STAGE・3 食

デザート部門

第1位 モンブラン
丸くて甘い栗と黄色のクリームが混じった金運アップデザートの王様! 特に栗の旬の秋のデザートとしてオススメ。

第2位 チーズケーキ
金運と相性のいいチーズの甘いお菓子を。レアはお金を増やしたい人に、ベークドは現状のお金を安定させたい人向き。

第3位 シュークリーム
捕まえた金気を離さないカスタードクリームと、丸い形の組み合わせが運気を上げます。

一口メモ

デザートは金運アップに最適なので、食べる機会を増やしましょう。ほかにはガトーショコラ、洋梨のタルト、ティラミス、チョコレートムース、クリームブリュレ、クレープなどもオススメ。

金運アップの食事タイムテーブル

生活の目安となる「時間」にも、陰陽と五行はあります。食事の行為は、その時間が持つ気を摂取することにもなるので、金運を上げるためにその流れを把握しましょう。

陽の時間 AM3:00〜PM3:00

冷たいものはこの時間に

◀◀◀ AM5:00 水の時間
活力を蓄える時間

睡眠
寝起きにコップ1杯の水を飲んで体内を浄化

◀◀◀ AM11:00 木の時間
太陽の気も吸収しながら活動を始める時間

起床
生まれる気を持つ卵料理は金気も生むので1品は入れて。食後のデザートはフルーツが◎

朝食

間食
バランス栄養食などで運気の補充を。食べていることを意識すれば、気の吸収率がアップ

火の時間
金運を上げる食事には向かない時間

昼食
火の気が最も強い正午ジャストからの食事だけは避けて。食後には必ずデザートを食べれば金運ダウンも防げます

STAGE・3 食

火を通した料理を心がける

陰の時間　PM 3:00〜AM 3:00

	◀◀◀ PM 11:00	◀◀◀ PM 5:00	◀◀◀ PM 1:00
	水の時間 睡眠が運気を倍にする時間	**金の時間** 楽しみながら食事する時間	**土の時間** 気を蓄積するため空腹は避けたい時間
	睡眠 寝る前にはホットミルクを飲むと金運アップ。寝酒なら日本酒か赤ワインが最適。歯は金のパーツなので歯磨きを忘れずに	夕食 季節の食材をふんだんに使って、必ず火を通した料理を食べて。甘いデザートもがまんしないで	おやつ カスタードクリームを使った洋菓子＆紅茶がベスト。使ったお金が戻ってくる補充の作用あり

※ 水の時間の「睡眠」欄の手前に「就寝」のラベルあり

旬を食べてフレッシュな金気を取り入れよう！

季節の気が満ちている旬の食材には即効性のほか、「時の運」と「上昇運」があります。金運アップにピッタリな旬の食材を知って、より多くの金気を得ましょう。

春

キャベツ
生のままサラダにしても、火を通して調理してもOKな万能野菜。丸い形が金運アップにお役立ち！

カリフラワー
いくつもの房が積み重なった形状は、計画性を意味します。お金を計画的に使いたい人はこれを温野菜にして。

夏

かぼちゃ
甘くて黄色いかぼちゃも金運向きです。煮物にしてもよし、デザートにしてもよし。この季節には重宝します。

とうもろこし
黄色いコーンは金の気を持っています。特に女性が食べると効果的。楽しいことが増え、金運が上がります。

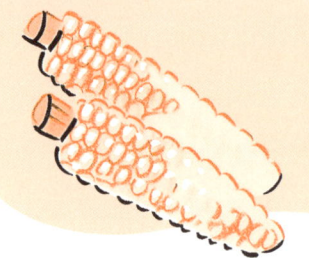

STAGE・3 食

秋

栗
秋の味覚の代名詞。もち米を使って栗おこわにすれば、粘り気がお金を連れてきてくれます。

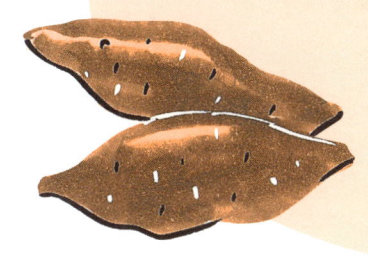

さつまいも
金の気の甘さと、根のものであることで土の気も持ち合わせている食材。お金を定着させるパワーあり。スイートポテトにすればさらに◎。

冬

フグ
白身で、ふくれると丸くなる金の気を持った魚。白子も食べるとさらに効果的。

みかん
水の気に満ち、金の気を持つ柑橘系の代表格。丸くて房になった形状と色や香りが、金運アップに最適。

酒風呂で金運体質になる！

　日本酒には、飲む以外にも金運を上げる有効な使い道があります。それはバスエステ。お風呂に約500mlの日本酒を入れて入浴すると、体に染み込んだ悪い気を浄化してくれるのです。風水ではこれを「毒出し」といいます。「毒」とは、マイナスの感情や生活環境で、自然と蓄積されるストレスのようなもの。これが溜まると心が固くなり、良い運が吸収できなくなってしまいます。

毒出しバスエステの3つのポイント

●首筋まで浸かる

　毒の出る場所は首筋の後ろ。体に負担がかからない程度に、首まで浸かりましょう。毒が溜まりやすい髪の毛はよくすすいで。

●フットケアを重点的に

　金運は足元からやってきます。足をキレイにすれば金運はグングン上昇。週に一度はブラシを使ってしっかり手入れして。

●お風呂の時間はたっぷりと

　長く入れば入るほど、毒出しには効果的です。半身浴をしながら、コメディーマンガなどを読んで楽しく笑えばダブル効果。

STAGE 4

衣

とっておきの金運ファッション大公開

チャート・チェック ファッション

あなたのファッションは金運向き？

見た目は運気を決定づける重要なポイント。金気が好む服やアイテムを身につければ、金運はグッと近寄ってきます。

> 下着はアニマル柄が好き。
> →アニマル柄は火の気。水の気を持つ肌とは最悪の相性
> **P⑨⓪へGO！**

> 今の財布は3年以上使っている。
> →長く使いすぎると、もともと持っている金運も下げることに
> **P⑧②へGO！**

> 宝石はあまり身につけない。
> →宝石自体に金運が宿っています
> **P⑦⑧へGO！**

STAGE・4 衣

体に密着する、
黒のタートルネックをよく着る。
→首を隠すことは自分を隠すこと。
誤解を招く服装です
P73へGO!

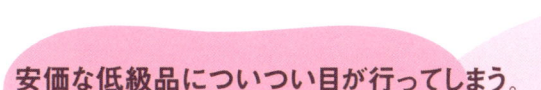

安価な低級品についつい目が行ってしまう。
→金運には質の良いものが効果的！
P68へGO!

眉の手入れは難しいので
あまりしない。
→容姿に大きく関わる眉は、
形一つで運気を左右
P76へGO!

雨の日はビニール傘を
利用している。
→チープなものにはチープな
運気しかありません
P85へGO!

WHAT'S ファッション風水?

センスを磨いて金運をアップさせよう！

風水でも、おしゃれは重要なポイント。流行のものを上手に取り入れながら、自分に似合うファッションを心がけて。見た目が華やかになれば、金運も上がります。

ファッション風水って何？

人の第一印象の80％は外見（ファッション）で決まるといわれますが、運もファッションに影響されます。衣服やアクセサリーは直接肌に触れるので、運を直に取り込めるからです。自分のほしい運に合わせてファッションコーディネートをすれば、運気を確実に上げることができます。

特に女性は男性よりもファッションの影響を受けやすいので、金運ファッションを日々の生活に取り入れば、金運が着実に上昇するでしょう。

金運には流行のものがいいの？

流行のもの＝旬のもの。これには「時の運」と「上昇運」がついているので、金運ファッションの中に取り入れたいアイテム。ただし流行に踊らされすぎると、何の運がほしいのかわからなくなり、自失して不安定な状態に陥ってしまいます。小物遣いや色で、ポイントに流行を取り入れるのが正しい取り入れ方です。

ブランドものが金運を上げる？

上質のものを持つ人は金運が良い、と風水では考えます。高価な分、しっかりとつくられているものが多いブランドものは、まさに金運アップにうってつけのファッション素材。高級品ばかりを身につける必要はありませんが、いかにもチープなものは、運気低下の原因になるので避けましょう。

ただし安価なものでも上品に、上質に見えるようなコーディネートを心がければ問題ありません。

STAGE・4 衣

気をつけたいポイントは？

ファッション風水で重要なのは、自分の気に入ったものを身につけること。気に入る＝相性が良いことにつながるので、自分の感覚を大切にします。全然気に入っていないのに、人に勧められてつい買ってしまった、などということのないようにしましょう。

金運アップに、特にNGなのがアニマル柄。これは毛皮を着ているようなもの。金気を燃やす火の気が強まってしまいます。

また古着にも注意が必要です。古着には着ていた人の運気が染みついているので、その人の運気がそのまま自分に取り込まれてしまいます。好意を寄せている人や、運の良さそうな人の服なら問題ありませんが、誰が着ていたのかわからないような服は、運気を確実に下げるので、身につけないようにしましょう。

特に自分が嫌いだと思う人からもらったものは絶対に×。嫌い＝気が合わない＝相性が悪いもの、なので気のバランスが崩れてしまいます。

ファッションでは、気持ち良く身につけられるものを選ぶことが何より大切なのです。

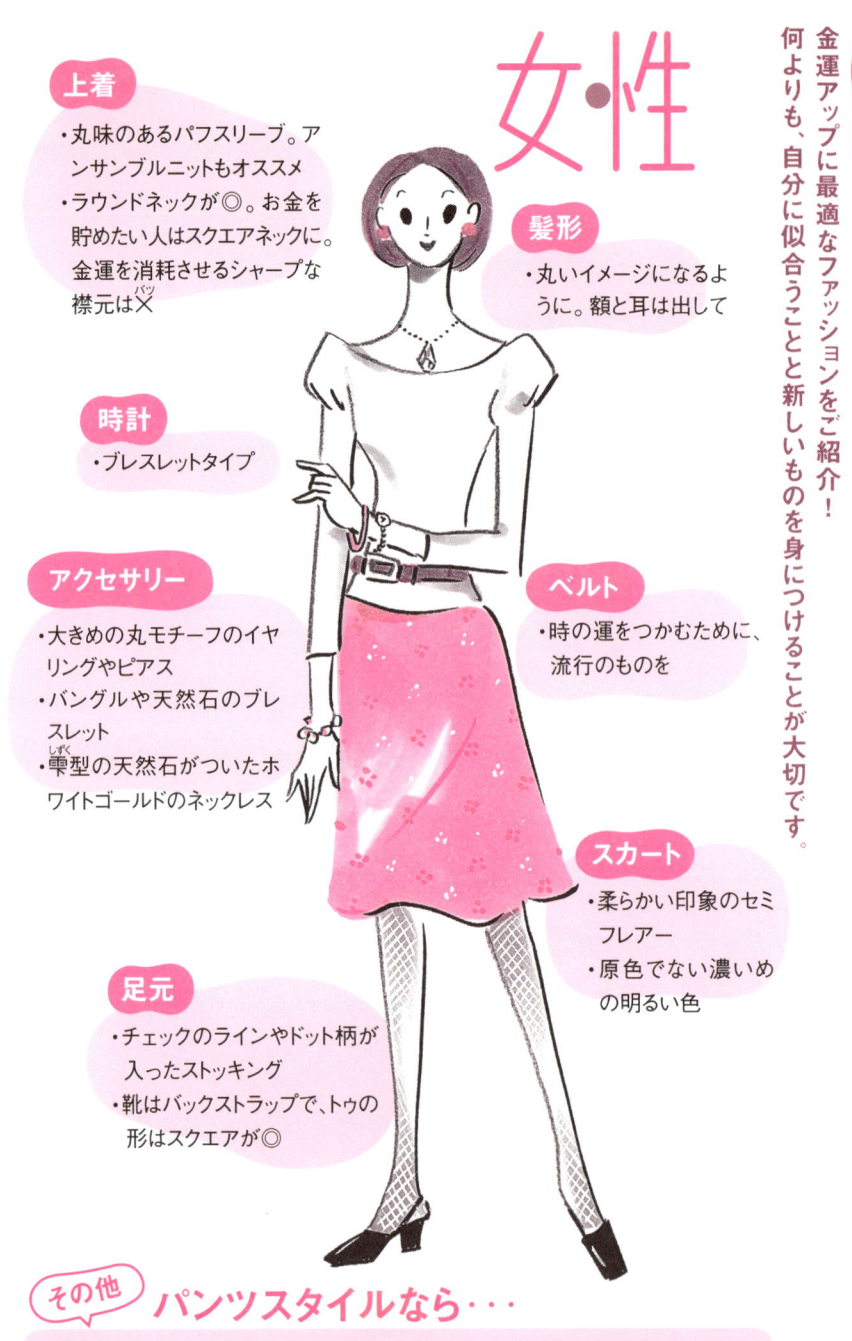

女性

コレが金運アップの最強ファッション！

金運アップに最適なファッションをご紹介！何よりも、自分に似合うことと新しいものを身につけることが大切です。

上着
- 丸味のあるパフスリーブ。アンサンブルニットもオススメ
- ラウンドネックが◎。お金を貯めたい人はスクエアネックに。金運を消耗させるシャープな襟元は×

髪形
- 丸いイメージになるように。額と耳は出して

時計
- ブレスレットタイプ

アクセサリー
- 大きめの丸モチーフのイヤリングやピアス
- バングルや天然石のブレスレット
- 雫型(しずく)の天然石がついたホワイトゴールドのネックレス

ベルト
- 時の運をつかむために、流行のものを

スカート
- 柔らかい印象のセミフレアー
- 原色でない濃いめの明るい色

足元
- チェックのラインやドット柄が入ったストッキング
- 靴はバックストラップで、トゥの形はスクエアが◎

その他　パンツスタイルなら・・・

伸縮するストレッチ素材のものや、カジュアルなカーゴパンツなどがオススメ。締めつけず、動きやすいものが金運アップには◎。

STAGE・4 衣

男・性

上着
- ジップアップのリブニット
- 色はアイボリー、グレー、ベージュ
- 上質な素材の物

髪形
- 清潔第一。緩くパーマをかけるのもOK

ベルト
- バックルはつや消しのものを

パンツ
- デニムや革素材は金運には✕。綿素材のチノパンがベスト

時計
- グレードの高いものを。ベルトは金属製

ソックス
- 火の気が溜まりやすいので、通気性の良いコットン素材を

靴
- 金具のついたローファー
- 足にフィットするものを

その他　スーツなら・・・

淡い色のシャツには濃い色のネクタイ、無地のシャツにはチェックやストライプなどの柄物ネクタイを。シャツとネクタイで陰陽のバランスを保つように。

パーツ別金運アップのポイント

頭・目

生命を司る頭周辺はとてもデリケートなパーツ。自分のグレードをも表すのでなるべく上質なものを身につけましょう。

ヘアアクセサリー

丸モチーフのものやカチューシャがオススメ。耳と額をスッキリ出すことは運気アップの基本（P76参照）なので、運気が下がってきたら髪の毛を上げて。

眼鏡・コンタクト

生気が一番強く宿るのが目。眼鏡は生気を閉じ込めないフレームレスか細身の金属製を。良い気は新しいものにつくので、コンタクトは使い捨てのほうが運気が高めです。

イヤリング・ピアス

大きな耳たぶを「福耳」といいますが、耳たぶが小さくても、イヤリングやピアスに大ぶりで目立つものをつければ福耳効果あり。運気のバランスが崩れないよう、ピアスは左右同数に。

ココに注意！ ピアスの穴から金運が逃げる？

人為的に体に開けた穴を「風穴」といい、吸収した運気が穴から流れ出してしまいます。金のパーツの、耳たぶの風穴は金運には大敵なので、穴を開けたら毎日きちんとピアスをつけて。もちろん、寝るときとバスタイムには外しても大丈夫です。

STAGE・4 衣

NECK

首

気が入ってくるポイントとなる首は、隠さないことが大切。特に鎖骨から胸にかけては男女ともに金のパーツなので、自分のお気に入りをつけることで金気を吸収できます。

ネックレス・ペンダント
ペンダントは雫型にカットした石をヘッドにつけて。ネックレスは真珠がオススメです。ピッタリとしたチョーカーは「従属」の意味が強まるので要注意。

スカーフ
花柄、チェック、水玉のほか、ブランドイメージの強い柄でシルク素材がベスト。巻き方のポイントは首を締めつけすぎないように。

ネクタイ
ブランドイメージのあるものをさりげなくつけて。柄は水玉やチェックなどがベスト。素材は高級感のあるシルクを選びましょう。

ココに注意! **本毛皮は「死」を意味する?**

本毛皮は死を意味するアイテム。特に首に巻くものは、一度日に当てるなど風水的な処置をしないと、煞気を招くことに。購入する際は、顔がついているものや、何となく気持ち悪いと感じるものは避けること。靴や鞄（かばん）など、直接肌に触れないものならOKです。

HAND & FINGER

手・指

手や指は行動を司るパーツ。物をつかむように、運もつかみ取ってくれるので、旺気の好きな、光るものを身につけるようにしましょう。

時計
正円か楕円の文字盤で、ベルトは金属製が◎。女性はブレスレットタイプがオススメです。時計は自分のレベルを表すので、ワンランク上のものを選んで。

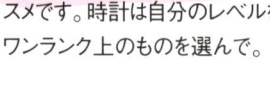

指輪
はめる位置で運気が変わります。金運にオススメなのは小指と人さし指。なるべく石がついたものを選ぶようにしましょう。

ブレスレット
欠けていた才能や運気を補い、安定させる力があります。つけるポイントは二重にすること。数珠タイプのものなら石のパワーをもらえるうえ、外から受ける凶意も防いでくれます。

ココに注意！ 左右の手に宿る意味を知ろう！

風水では、右手は放出する手、左手は受け取る手と考えます。今までの金運が最悪だったと思う人はまずは右手に、石のついたブレスや指輪をして、これまでの金運を放出して。そのうえでジュエリーを浄化（P79参照）し、左手につけ替えて良い運を受け取りましょう。

STAGE・4 衣　　FOOT & LEG

靴
大地から体内に気を吸収する中継地点。ここで、気の流れを止めてしまわないように気をつけましょう。

足
変化の意味を持つ足は、固定させると運気が下がってしまいます。運を活性化する意味でも、足元のおしゃれは重要なポイントです。

女性…ヒールの高さよりも、履いていて安定感があることが重要です。地に足がついていない不安定な状態だと、大地の気を吸収できず、金の気も育ちません。

男性…なるべくカッチリしたものを選びましょう。革製のローファーで金属の飾りがついたものがオススメです。週に一度はお手入れを。

ココに注意！ アンクレットはNG！

アンクレットは、大地からの気の吸収を妨げるのでNG。また、足につけた輪は「従属」の意味もあり、他人に生活を干渉されたり、自分のこと以外でお金を使う羽目に陥るなどの凶意も。足首のおしゃれならポイントのついたストッキングがオススメです。

ショートボブ

頬がふっくらと見える髪形の代表格。金運は丸くて福々しい顔につくので、短めが好きな人はこの髪形にして。ベリーショートは、特に金運には向きません。

内巻きカール

髪の長い人は、頬の辺りにボリュームが出る内巻きカールがオススメ。柔らかな印象になる緩やかなパーマをかけたフワフワヘアも◎。

髪

金運アップに重要なのは、耳と額を出しつつ頬をふっくらと見せること。額には「第三の目」があり、ここを隠すと直感が鈍り、人に騙されやすくなるなどの悪影響が。耳を隠すと良い情報を聞き逃すので要注意。

男性のヘアメイクは？

女性の髪は「水」、男性の髪は「火」の気を持っています。汚れた髪は金運を落とすので清潔に。髪形は長すぎず短すぎずがベスト。また、まずはしっかりと眉と髭（ひげ）の手入れをします。眉は本来の形を生かしつつ、細くなりすぎないように。髭はしっかり剃るか、逆に伸ばすかに。ただし夏場は伸ばさないほうがいいでしょう。

STAGE·4 衣

MAKE-UP

化粧

性格や運の強弱は、その人の顔に現れます。顔の中の陰を消し、陽に変えられるメイクは、手っ取り早く運気を上げるとても便利な方法。金運アップには、ふっくら仕上げるのがコツです。

眉
金運アップに理想的な形は緩やかな弓形。本来のラインを生かしつつ、細すぎず太すぎないように。下に落ちる眉は金運を流すので要注意。

目
金運を呼び寄せるにはイエローベースが◎。目尻にはホワイトをポイントとして入れると、お金の流れを止めて財を蓄えることができます。

鼻
金運には最も大事な金の気を持つパーツ。鼻が美しく見えるよう、白いハイライトで鼻筋を強調して。脂は金を燃やしてしまうので、テカリは大敵。

口
大きい人ほど金運があります。下唇はひとまわり大きめに描き、色は黄色味の強いオレンジが最適。明るめの色は自然に良い言葉を話せるようになる利点も。

頬
頬の血色のいい人は運気の巡りもいいので、ピーチやオレンジなどの明るめの色で必ずチークを入れます。運を細めてしまうブラウン系はNG。

ファンデーション
自分の顔より一段明るい色を選び、クマやシミはコンシーラーでしっかりカバーして。必ず顔の中心から外側に向かって広げること。

宝石

宝石は大地から生まれ、長い時間をかけて土地のエネルギーを吸収しています。つまり、大地の気を取るには最も効果的な風水アイテムなのです。

金運向きの色・宝石・貴石

五行では、石は金に属します。種類や色彩によって、それぞれが持つ運気や力は異なりますが、どの宝石も金のパワーを備えています。

特に金運向きなのは次の通りです。

黄色…金運の象徴。シトリン、トパーズなど

茶色…財運が強い色。琥珀（こはく）、瑪瑙、タイガーアイなど

青・紫色…仕事運、事業運から金運が発展。サファイア、ラピスラズリ、アメジストなど

金運向きな力を持つ石…翡翠（ひすい）、アベンチュリン、黄水晶、パールなど

選び方のポイント

●**自分の吉方位で買う**

身につけることで、吉方位（P97～105参照）の気をまとうことができます。

●**調子がいいときに買う**

石も人を選びます。自分が調子が悪いときは、パワーのある良い石は寄ってきません。

●**値段や大きさにとらわれない**

石を買うときは素直な気持ちで。手に取ってみて「絶対にほしい！」と思ったら、値段にこだわらず迷わずに購入しましょう。ただし無理をしない程度が原則。

●**丸い形のものを選ぶ**

心を穏やかにさせ、人の和を保つ丸い形が金運を呼びます。ブリリアントカットよりガボションカットがよいでしょう。ただし気に入った石なら形は二の次です。

石を身につけるときの注意

まずは石をつけ始める日を決めます。誕生日や記念日、夏至、冬至、春分、秋分、新月の日のいずれかの日がいいでしょう。

STAGE・4 衣

日が決まったら、その9日前から袋などに入れ、肌身離さず持ち歩くこと。まずは石と波長を合わせることで、つけたときにより強力なパワーを発揮します。

石の浄化方法

● **太陽に当てる**
直射日光が当たる所に、日の出から午前11時まで置いて浄化を。

● **煙を当てる**
白檀（びゃくだん）などのお香や、ユーカリ、ペパーミントなどのさっぱりした香りのハーブを使い、3〜5分程度煙に当てる。

● **水で洗う**
石についた汚れが落ちていくイメージで洗う。汚れが落ちきったことをイメージできたらOK。

● **塩で清める**
水が入ったコップに塩を一つまみ。よくかき混ぜて、気がすむまでつけておく。

※石の色や輝きが落ちてきたら、石のパワーが弱まっています。これらの方法を繰り返せば、パワーは復活します。

睡眠中に石のパワーを吸収する方法

睡眠中に、体のそばに宝石や貴石を置いておくと、その石が持つパワーを体内に取り込むことができます。季節によって、より効果の上がる色や場所が次のように変わります。

春…水色の石を足元に
夏…白または透明な石を頭の上に
秋…緑色の石を枕の下に
冬…白・黄・ピンク・紫のいずれかの石を腰の下に

※石の、太陽に当てる以外の方法で浄化してから試しましょう。

一口メモ

石を手早く浄化するには、まずガラスのコップに石を入れて、塩水を注ぎ、日に当てます。あとは煙に当てればパーフェクト！

PERFUME & AROMA

香り・アロマ

心や体、そして運も嗅覚によって大きく左右されます。良い香りは良い運気を持つ強力な風水アイテム。ぜひ生活に取り入れましょう。

香水

運気を安定させるには、お気に入りの香水を長く使うこと。ただし、たとえ良い香りでもつけすぎは悪影響が出るので気をつけて。香水には言霊の影響もあります。良くないと感じる銘柄のものは避けましょう。金運アップには柑橘系かローズ系が最適。

エッセンシャルオイル

アロマポットで炊く以外にも、お風呂に入れたり、マッサージに使ったりすると効果大。オイルの原産地は吉方位のものを選んで。毎日嗅ぐことで、旅に行くのと同じ効果が得られます。金運を上げる香りは、オレンジ、グレープフルーツ、ローズ、マンダリン、ミルラ、ユーカリ、レモン、ローズウッド、ローズマリーなど。

アロマストーン

金の気を持つ石に、金運アップに合ったエッセンシャルオイルを垂らして。ほのかな香りが運気を呼びます。

STAGE・4 衣

肌は水のパーツなので、潤いを保って清潔にすることが最も大切。せっかくメイクを整えても、肌が荒れていればその効果は発揮されません。

肌

スキンケアのポイント

● 肌は水の気を持つので、洗顔後は化粧水や乳液などで充分に保湿をして水分を補い、水の気をしっかりガードしましょう。できれば全身に応用して。

● スキンケアの際に、開運の表情を作る練習をしましょう。眉間のしわは不安や不満を呼び込んでしまうので、まずはこれを取り除きます。洗顔後数秒間、意識を眉間に集中させます。その後力を抜いて、ゆっくり気を取り込むイメージを持ちましょう。この方法を繰り返し実践すれば、次第に眉間のしわが消えていきます。

財布

金運には「黄色の財布なら何でもいい」と思ったら、それは大間違い。財布の選び方はもっとデリケートです。正しいポイントをおさえて、金運が本当に上がる財布を持ちましょう。

金運を上げる色を選ぶ

金の気を持つ黄色が財布には最適と思いがちですが、黄色にもバリエーションがあるので、きちんと選ぶことが大切です。真っ黄色は金運を招く力が強い分、出ていく勢いもあります。つまり、お金が入ると使いたくなってしまう、浪費癖がつく色なのです。これをおさえるには、安定を司る土の気を混ぜること。やや黄土がかった黄色を選ぶと、財布の中でお金が安定します。またお金を増やすには、水の気が入った淡い黄色が最適です。

● 茶系、ベージュ…溜め込む色なので、貯蓄運が上がります。

● 黒…すでに今の金運に満足している場合に。

● 赤…火の気が強いので、お金を燃やしてしまいます。

● 青…お金を流してしまう水の気を持っています。

金運アップに絶対NGな色

そのほかの金運アップに適した色

● 白…使い始めてから、しばらくたくさんお金を入れておけば、その気を覚え、常にお金が入っている財布に。

財布を買い替える時期と方位

風水では「運気は新しいものにつく」とします。金運を上げるには、財布をこまめに買い替えることが大切です。使える期間は最長でも3年。それ以降は、金運効果は落ちるばかり。買う場所は、西・北西・北東方位が自分の吉方位になったときに、その方位の土地で。良い運気がそのまま財布にも入ってきます。買い替えたいのに

STAGE・4 衣

長財布
金運アップに理想的なのは、お札を折らずに入れられる長方形の長財布。土の気が強いので、お金が貯まりやすくなります。

小銭入れ
お札を入れる長財布とわけて持つと、より◎。小銭入れを買うときは、3方位のほかに北方位が吉方位もOK。

方位が合わない場合は、自分よりもお金持ちの人に買ってもらいましょう。その人の持つ金運と同じレベルの金運が財布に宿ります。

財布の中身で金運が変わる！

レシートなどを入れっぱなしにしていると、無駄遣いしてしまい、貯まるお金も貯まりません。財布の中は、ゴチャゴチャにならないよう整理しておきましょう。

また、会員証やカードをたくさん入れている財布も金運を逃します。財布の中には必要最低限のカードだけにして、あとはカードケースや手帳、定期入れなどに入れましょう。

さらに金運を上げてくれるアイテム

● 鈴…長財布の金具につけると◎。
● 純金のかけら…お金に直接触れない場所に入れて。
※どちらも西方位が自分の吉方位になったときに、その方位で買いましょう。

小物

外出時に持ち歩く小物は、その人のステータスを表します。やや高級でセンスの良いものを持ちましょう。特に男性は服装よりも運気が左右されるので、小物選びに重点を置きましょう。

携帯電話

「火」と「木」の気を持つアイテム。流行の機種が気を活性化させます。金運アップにはメタリック系やパールホワイトがベスト。バランスを保つために天然石のついたストラップをつけて。

バッグ

男女ともにやや高級感のあるものを持ちましょう。女性は円筒形が◎。男性はしっかりした作りのものを選んで。中に物を入れすぎて重くさせると、運気を下げてしまうので要注意。

ココに注意！

スケジュール帳の選び方

自分の時間を司るスケジュール帳は、時の運気を持っています。不必要なものをたくさん挟んでいると、運気が停滞してしまいます。手帳はスッキリとさせるのが運気アップのポイントです。金運を上げるには、ブランドイメージのあるものを選びましょう。ホックで留められるタイプやラメ入りの光るタイプがオススメ。

STAGE・4 衣

ハンカチ
金運にはブランドもののワンポイント柄、チェック柄、水玉モチーフが吉。色は明るめのものを。また、親しくなりたい人にプレゼントすると縁がつながります。

傘
雨の陰の気を中和する明るめの色をセレクトします。女性は水玉柄や花柄、男性はストライプやチェックがオススメ。金属製の持ち手で、高級なものほど金の気を運びます。ビニール傘は自分のグレードを下げてしまうので、金運には向きません。折り畳み傘は、濡れたまま鞄に入れないように。また日傘なら暗めの色でもOKです。

一口メモ
運の良い人からのプレゼントは自分の運を高めますが、運の良い人へのプレゼントも効果があります。身につけてよく使うものであることが第一のポイント。女性にはバッグやアクセサリーなど、男性にはシルバーカラーの名刺入れや電卓がオススメ。

シーズン別オススメ金運ファッション

流行のもの以外で、時の運と上昇運をアップさせる方法が季節のファッション。最強の金運ファッションと組み合わせながら活用すると、さらに金運アップが望めます。

春

木の季節は人間関係運を育てる大切な季節。流行を取り入れた若々しいファッションが、金運アップを強力にサポート。

	男性	女性
色柄	イエロー、ターコイズブルー、グリーン系。ベースは白で。流行の柄や色を取り入れる。ポイントにチェック柄も○。	パステル系の色が○。白、ピンク、パステルイエローなど。パステルイエローは単色で使うのではなく白と組み合わせる。柄は小花柄が吉。
素材	天然素材。特にコットン・麻。ニット素材。新しい素材。	コットン、ニット素材が◎。スカートならシフォン系。パンツならストレッチ素材。
スタイル	スポーティーでカジュアルなもの。流行のもの。若々しいイメージ。	軽快な印象を大切に。パフスリーブ、アンサンブルニット。ボーイッシュな服装も○。

STAGE・4 衣

夏

強い火の気を持ち、金の気を消耗させる季節。金運アップには火の力をおさえるスタイルを心がけることが重要。

男性	女性
ブラウンか白ベースでベージュ系・グリーン系と組み合わせる。柄はあっさりしたものか無地。アニマル柄は✗(バツ)。	ミントグリーン、イエローグリーン。白を合わせるとさらに◎。金の気を守るチェックやフルーツ柄を。ヒマワリ柄は◎。アニマル柄は✗(バツ)。
コットンや麻。見た目の爽やかさと通気性を重視する。化学繊維は避ける。	風通しの良い素材。見た目に爽やかなもの。コットンや麻。光る素材やシースルーもOK。
こざっぱりとまとめて。オフの日はサンダルで足元を爽やかに。	夏らしい爽やかなイメージ。かご素材のバッグ。日傘をさす。帽子をかぶる。白いサンダル。

・・・・・・・・・・・・・・・ シーズン別オススメ金運ファッション ・・・・・・・・・・

秋

金運には一番重要な金の季節。この季節のファッションが自分のグレードになるので、できるだけ上品にまとめることが大切。

	男性	女性
色柄	ブラウン系やカーキ、落ち着きのあるイエロー。ベースはベージュ。ストライプやチェック柄を取り入れる。品の良いワンポイント。	落ち着きのあるイエロー、ピンクをブラウンやベージュと合わせる。原色使いはなるべく避ける。花柄やチェック柄。品の良いワンポイント。
素材	上質なもの。リブニット・コーデュロイ・カシミヤ・シルク。レザーは✕(バツ)。	ふんわりしたイメージのモヘアやブークレーが◎。小物にはカシミアやシルクを使う。
スタイル	上質な品の良いファッション。老舗ブランドの服。しっかりしたジャケットなど。	上下そろいの服や下着。ストールやジュエリーなどの小物にも気を遣う。

STAGE・4 衣

冬

水の季節は金運を育てる季節。寒々しい格好は金運を殺してしまうので、暖かそうに見えるファッションを心がけましょう。

男性	女性
グレー系・アイボリー・黒。ただし全身黒で統一するのは避けて。グレー系・アイボリーベースの場合は、ポイントにイエローをプラス。	グレー系・アイボリーベースにパステルイエロー、パステルピンク。レース・フリル・水玉・雪の模様・花柄の刺しゅう。
暖かそうな素材。ウール・コーデュロイ・シルク・カシミア。	モコモコ感のある素材。ウール・モヘヤ・アンゴラ・パシュミナ・シフォン。
男性らしい服装。シンプルなシャツやセーターも○。アーミー系は✕(バツ)。	シルエットがキレイな女性らしい服装。靴はストレッチのきいたブーツが最適。

金運下着で運を肌から吸収！

　下着は、上に着る洋服よりも運気を左右する重要なアイテムです。なぜなら、水の気を持つ肌は、直接触れるものから気を吸収するからです。男性は清潔で新しいものならＯＫですが、女性は存在自体が水の気を持つので、さらに注意が必要です。

　金運を上げるには、ブラジャーからつけるのが鉄則。胸は金気を持つので、先につけることで豊かな金運をもたらします。素材は気の吸収を妨げない天然のものがよいのですが、中でもシルクが一番。レースやフリルがついた明るい色の水玉や花柄ならさらに◎。逆にＮＧなのが、アニマル柄・黒い下着・古い下着。肌は吸収率がよい分、運気の影響をダイレクトに受けてしまうので注意しましょう。

運気を上げる下着の扱い方

- ブラジャーとショーツはセットアップでそろえると気のバランスが整い金運が上がります。バラバラの場合は色だけでも合わせて。
- 収納場所は、籐か木製の収納ボックスの真ん中よりやや上の段に。豊かな金運を守るブラジャーのカップはつぶさないように。
- 運の新陳代謝を上げるには下着は、半年から1年で買い替えるのがベスト。

STAGE 5

旅

金運アップのオススメ旅行術

WHAT'S 旅・風水?

金運を活性化させる旅に出よう！

今までの運気を大きく変えたい人は、吉方位へ旅に出るのが一番。滞っていた運気も、新しい気の力でパワーアップします。

旅風水って何？

方位はそれぞれ別の運を持っています。旅風水は、良い運やほしい運がある土地（方位）に足を運び、その土地が持っている運気を持って帰るという考え方に基づくものです。衣食住や話し方など、自分のまわりにある運気だけを動かしていると、どうしても新陳代謝が悪くなりがちです。代謝を活性化させるためにも、新しい土地でリフレッシュし、新鮮な気を得ることが重要なのです。

吉方位、凶方位って何？

吉方位とは、自分にとって良い運がある方位を指します。逆に凶方位とは、悪い影響を与える方位です。これは、生年月日から割り出す本命星（P96参照）の動きによって決まります。

吉方位に行くとどうなる？

吉方位へ旅行すると、帰ってから2〜3か月は「毒」を出す期間になります。「毒」とは心や体に溜まったストレスのようなもの。それを外に出すということは、汚水（毒）の入ったコップにキレイな水を注ぎ、汚水があふれると、コップの中が次第にキレイな水で満たされていくのと同じ原理です。毒が出てしまえば、出かけてから4・7・10・13か月後のどこかで強力に吉方位の効果が現れ、運気が上昇してきたことを実感できます。時期は人それぞれですが、何度か吉方位を旅行してみると、自分は何か月

STAGE・5 旅

後に効果が表れるタイプなのかがわかるようになります。

金運アップにつなげるコツは？

金運に直接関わる方位は、西・北東・北西。

この方位が吉方位のときに旅行すれば、金運アップは間違いなしです。しかしこの3方位にだけ固執してしまうと、バランスが崩れて金運は上がりにくくなってしまいます。ほかの方位が吉方位のときはそこに出かけて全体的な運を上げつつ、金運に関わる方位に力を入れましょう。

吉方位旅行は「長く遠く」が理想的です。近場なら長期間、海外など遠くに行く場合は日数が短くてもOK。

凶方位に行かなくてはならないときは？

社員旅行や団体旅行など、凶方位でもどうしても行かなくてはならない場合もあります。そのようなときは方位ごとの対処法（P106〜109参照）をすることで、凶意はかなり軽減されます。もちろん帰ってきてからは吉方位に出直して、凶作用を流してくることも重要です。

正しい方位 を知って運をゲット！

各方位はそれぞれ違った運気を持っています。吉方位に出かけて自分がほしい運を持ってくるには、正しい方位の測り方を理解しましょう。

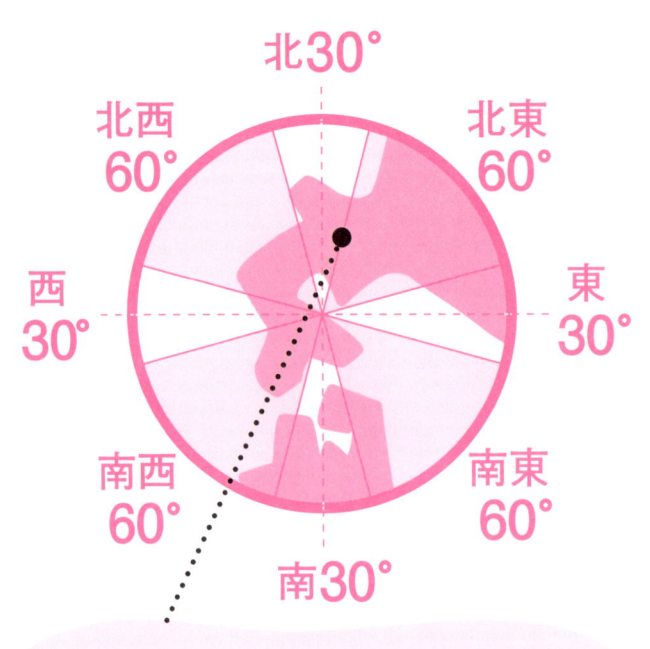

北30°
北西60°　北東60°
西30°　　東30°
南西60°　南東60°
南30°

方位線上に重なってしまった場所は、できればどちらの方位も凶方位ではないときに出かけましょう。例えば上図の「●」は、北と北東の線上なので両方位が凶方位ではないときを選びます。

正しい方位の測り方

1　大きめの詳しい地図を用意します。

2　自分が住んでいる所を中心に、経線と平行に南北の線を書きます。

3　南北の線と垂直に、東西の線も書きます。

4　そこから6度ほど（地域によって若干変わります）西に傾けたところが本当の4方位になります。

5　その4方位を基準に方位を決定します。方位の取り方は、東西南北が30度ずつ、北東・南東・南西・北西が60度ずつです。

STAGE・5 旅

・・・・・・・・・・・・・ 西偏角度について ・・・・・・・・・・・・・

方位を測るときに気をつけたいのが西偏角度。地図は丸い地球を平面に写しているため、経線に合わせても、実際は6度ほど西に傾いているのです。これを把握してきちんと修正しないと、正しい吉方位を測れません。

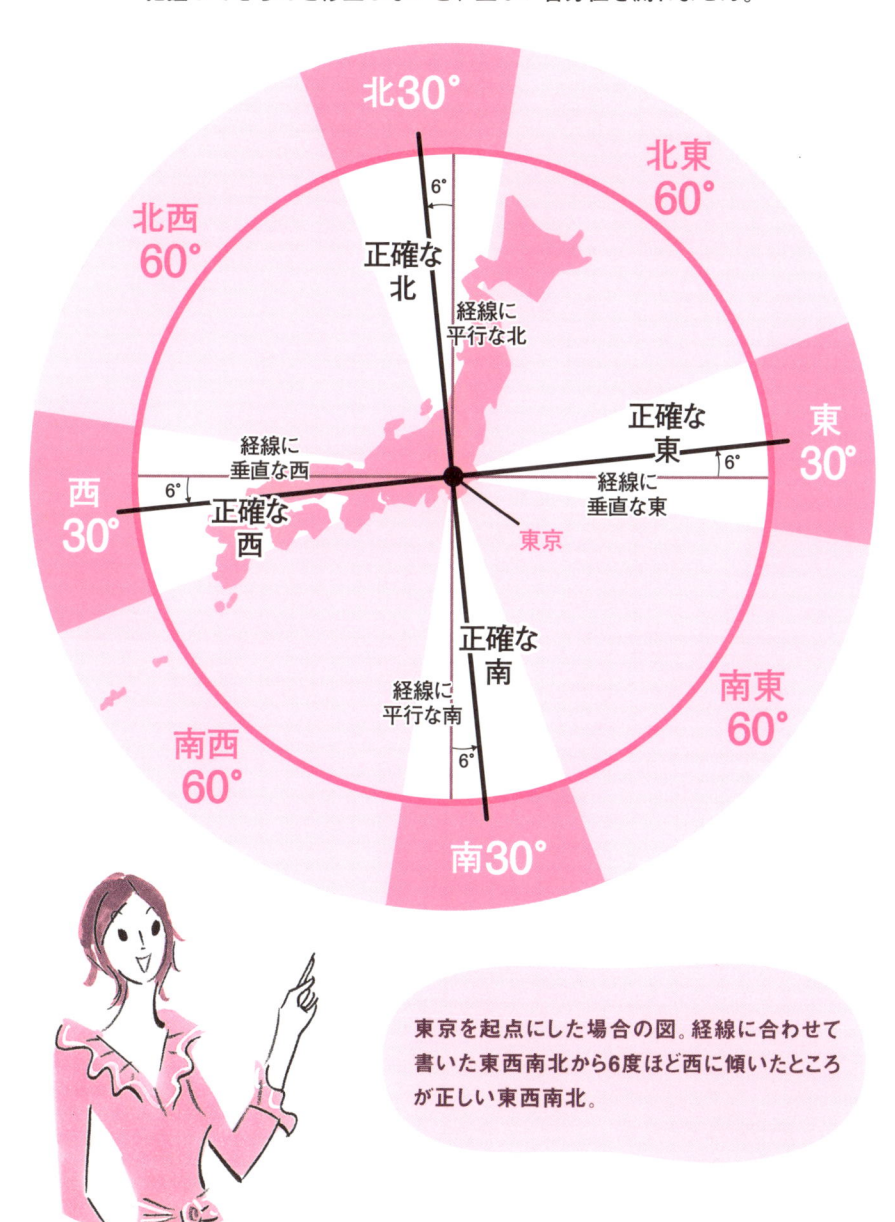

北30°
北東60°
北西60°
正確な北
経線に平行な北
正確な東
東30°
経線に垂直な西
正確な西
経線に垂直な東
西30°
東京
正確な南
経線に平行な南
南東60°
南西60°
南30°

東京を起点にした場合の図。経線に合わせて書いた東西南北から6度ほど西に傾いたところが正しい東西南北。

本命星の割り出し方

本命星とは生年月日から割り出す、持って生まれた星まわりをいいます。これによって自分の吉方位などがわかります。下の表から自分の生まれ年を見つけてください。なお、1月1日から節分（2月3日か4日）までに生まれた人は、前年の本命星になります。

本命星表

九紫火星	八白土星	七赤金星	六白金星	五黄土星	四緑木星	三碧木星	二黒土星	一白水星
昭和12年生	昭和13年生	昭和14年生	昭和15年生	昭和16年生	昭和17年生	昭和18年生	昭和19年生	昭和20年生
昭和21年生	昭和22年生	昭和23年生	昭和24年生	昭和25年生	昭和26年生	昭和27年生	昭和28年生	昭和29年生
昭和30年生	昭和31年生	昭和32年生	昭和33年生	昭和34年生	昭和35年生	昭和36年生	昭和37年生	昭和38年生
昭和39年生	昭和40年生	昭和41年生	昭和42年生	昭和43年生	昭和44年生	昭和45年生	昭和46年生	昭和47年生
昭和48年生	昭和49年生	昭和50年生	昭和51年生	昭和52年生	昭和53年生	昭和54年生	昭和55年生	昭和56年生
昭和57年生	昭和58年生	昭和59年生	昭和60年生	昭和61年生	昭和62年生	昭和63・64年生	平成元年生	平成2年生

本命星別吉方位表の見方

◎・・・最も効果が出る方位
○・・・かなり効果が出る方位
△・・・大きな効果は期待できない方位
無印・・・凶作用が強いので行ってはいけない方位

STAGE・5 旅

一白水星の吉方位

2004

方位	北	北東	東	南東	南	南西	西	北西
1月								
2月			○				◎	
3月		○	○			○		○
4月			◎			○	○	
5月				◎				
6月				◎				○
7月			○			○	○	
8月		○	○		△	◎		
9月							◎	
10月					△			◎
11月			○				◎	
12月			○	○		◎		○

2003

方位	北	北東	東	南東	南	南西	西	北西
1月								
2月			◎				○	
3月			◎					
4月					○			
5月			○			○		
6月			○				○	
7月			◎			○	△	
8月								
9月								
10月			◎			○	△	
11月			◎		○		○	
12月			○					

2006

方位	北	北東	東	南東	南	南西	西	北西
1月					○			
2月		○						◎
3月	△			○				
4月	△	◎		◎	△			
5月	○			◎				
6月		◎				○	○	
7月				○				
8月	○			◎			○	
9月	○			○			○	
10月				○				
11月		○			△			◎
12月	△							

2005

方位	北	北東	東	南東	南	南西	西	北西
1月			◎					
2月	○				○			
3月	○				△			
4月							○	
5月							◎	
6月					△		◎	
7月	△				○		○	
8月	○				○		○	
9月					○		○	
10月							○	
11月	○				○			
12月	○							

2008

方位	北	北東	東	南東	南	南西	西	北西
1月			○				○	
2月				○				△
3月				○				△
4月		○	○			○	◎	
5月		○	○			◎	◎	
6月			△		○			
7月				△	○			
8月			△		○			
9月		◎		△		◎	◎	
10月		○	○			○		
11月								△
12月				○				△

2007

方位	北	北東	東	南東	南	南西	西	北西
1月	△	◎			○			◎
2月	◎		△		○		○	
3月			△					
4月			○		○			
5月	◎				○			
6月					○			
7月				○				
8月				○			○	
9月	○						○	
10月					○			
11月	◎		△		○		◎	
12月			△				◎	

二黒土星の吉方位

2004

方位	北	北東	東	南東	南	南西	西	北西
1月								
2月	○		○	△	◎		○	○
3月			○					
4月					○			
5月	△		○	○	○			
6月			○					◎
7月			△			◎		
8月	△		△	△		◎	◎	
9月	○				◎			
10月	○				◎			
11月	○	○			◎		○	○
12月			○		◎			

2003

方位	北	北東	東	南東	南	南西	西	北西
1月		○						
2月			△				◎	
3月						△		
4月					○			
5月		○					○	
6月					○			
7月					○			
8月		○						
9月						○		
10月		△				△		
11月		△					○	
12月						△		

2006

方位	北	北東	東	南東	南	南西	西	北西
1月		◎						
2月	○				◎			
3月	◎	◎			◎	○		
4月	◎	○			◎	◎		
5月	◎				◎			
6月		○			◎			
7月					◎			
8月	○			○				
9月		○			○			
10月		◎						
11月	○				◎			
12月	◎	◎			○			

2005

方位	北	北東	東	南東	南	南西	西	北西
1月		○						○
2月	○				○			
3月		○				△		
4月		○				△		
5月	○				◎			
6月		○			◎	△		
7月	◎				◎	○		
8月	◎				◎			
9月		○					○	
10月		○					○	
11月		○						
12月		○				△		

2008

方位	北	北東	東	南東	南	南西	西	北西
1月								△
2月			◎			△		
3月		△			○			
4月		○	○		○	○		
5月			○			○		
6月		○			○			
7月					◎			
8月			◎			△		
9月		△			◎	△		
10月		△			◎			
11月			◎			△		
12月		△			○			

2007

方位	北	北東	東	南東	南	南西	西	北西
1月	◎	◎			◎			
2月	◎		◎		◎		△	△
3月			◎					
4月								
5月	○		◎		○		△	
6月								◎
7月								
8月	○		○		○		○	
9月	◎		○					
10月	○		○					
11月	◎	◎	◎				△	△
12月			◎				△	

STAGE・5 旅

三碧木星の吉方位

2003

方位	北	北東	東	南東	南	南西	西	北西
1月								
2月	○				◎			
3月	○		○		○			
4月	△				○			
5月	△		◎		○		○	
6月								
7月				○			△	
8月				○			○	
9月								
10月	△		◎		◎		△	
11月					○			
12月	○		○				△	

2004

方位	北	北東	東	南東	南	南西	西	北西
1月	△				○			
2月	○				○			
3月				◎		△		△
4月				○				
5月				○				
6月				○		○		△
7月	○			◎	△			
8月			○	◎		○		
9月	◎			○	○			
10月	○			○	○		○	○
11月	○			○				
12月				◎		△		○

2005

方位	北	北東	東	南東	南	南西	西	北西
1月			○					○
2月						○		
3月		○				◎		
4月	○				○		△	
5月	◎	△			○			
6月		△			△	◎	△	
7月	○				△	◎		
8月	○				△			
9月					○			
10月							△	
11月							○	
12月						◎		

2006

方位	北	北東	東	南東	南	南西	西	北西
1月	○				○		△	
2月	○	△			○			○
3月	○	△		△		◎		
4月	△	△		△		◎		
5月	△			△				
6月		○			○			◎
7月								◎
8月								◎
9月								◎
10月	△			○				
11月	○			○				
12月	○					◎		

2007

方位	北	北東	東	南東	南	南西	西	北西
1月	△	△			△			◎
2月	△		◎		△		◎	
3月								
4月			○				○	
5月			○				◎	
6月								
7月	△		◎	○				
8月	○			○				
9月	○			○				
10月	△				△			
11月	△		◎		△		◎	
12月								

2008

方位	北	北東	東	南東	南	南西	西	北西
1月			○			○		
2月				○				○
3月		◎		○		○		△
4月								
5月		○		○		△		
6月		○						
7月				○				
8月								
9月		◎		○		△		
10月								○
11月								○
12月		◎		○		○		△

四緑木星の吉方位

2004

方位	北	北東	東	南東	南	南西	西	北西
1月	△				○			
2月	○				○			
3月			○					
4月			○			△	△	
5月			○				○	
6月					○			
7月	○				◎	○		
8月	◎		○		○	△		
9月	◎				○	△		
10月	○				○			
11月	○				○			
12月			○				○	

2003

方位	北	北東	東	南東	南	南西	西	北西
1月					○			
2月	○				◎			
3月	○				○	◎		
4月	△				○	◎		
5月	△				○			
6月								
7月						○		
8月								
9月						○		
10月						○		
11月						○		
12月						◎		

2006

方位	北	北東	東	南東	南	南西	西	北西
1月	○	○			○			
2月	○	△			○			
3月	○	△				△	◎	
4月	△	△			△	◎		
5月	△				△			
6月								
7月						○		
8月								
9月	○				△			
10月	△	○				○		
11月	○	△				○		
12月	○	△				◎		

2005

方位	北	北東	東	南東	南	南西	西	北西
1月		○					△	
2月							○	
3月	◎				△			
4月	○	○			○	◎		
5月	◎	△			○	△		
6月		△			○	△		
7月	○				○	△		
8月	○					△		
9月						○		
10月		○				○		
11月								
12月	◎							

2008

方位	北	北東	東	南東	南	南西	西	北西
1月								◎
2月			△	○			◎	○
3月				○				△
4月								
5月			○			○		
6月				△				
7月								
8月				◎				○
9月				◎		◎	△	
10月			△					
11月				△		◎	○	
12月				○				△

2007

方位	北	北東	東	南東	南	南西	西	北西
1月	△	△			△			
2月	△				△			◎
3月								◎
4月								
5月								
6月					△		○	
7月	△				○			
8月	○				○			
9月	○				△			
10月	△				△			
11月	△				△			◎
12月								○

STAGE・5 旅

五黄土星の吉方位

2004

方位	北	北東	東	南東	南	南西	西	北西
1月	◎				○			
2月	○		○	△	◎		○	○
3月			○	○		◎		◎
4月			○	○		◎	◎	
5月	△		○	○	○			
6月				○	◎	◎		◎
7月	○		△	○	◎	◎		
8月	△		△	△	◎	◎	◎	
9月			○	○	◎	○		
10月	○		○	○	◎		○	
11月	○		○	○	◎		○	
12月			○	○	◎	◎		

2003

方位	北	北東	東	南東	南	南西	西	北西
1月		○		○				
2月	○		△	○			◎	
3月	◎		○		○	△		
4月	◎				○	○		
5月	◎		○		○		○	
6月					○		○	
7月	○		○		○		◎	
8月	○		○			△	◎	
9月	○				○	△		
10月	◎		△			△	◎	
11月	○		○			△	◎	
12月	◎		○			△	○	

2006

方位	北	北東	東	南東	南	南西	西	北西
1月	◎	◎		○		◎		
2月	○	◎			○			○
3月	◎	◎			○	◎		
4月	◎	◎			○	◎		
5月	◎				○	◎		
6月		○				◎		○
7月						◎		△
8月	○				○			○
9月	○				○			○
10月	◎				○			○
11月	○				○			○
12月	◎				○			

2005

方位	北	北東	東	南東	南	南西	西	北西
1月		○		○			◎	○
2月	○			○	○			
3月	○	○			○	△		
4月	○	○			○	△		
5月	○				○	◎		
6月	○				○	△		
7月	◎				○	○		
8月	◎				○	◎		
9月	○				○	○		
10月	○				○	○		
11月	○				○	○		
12月	○				○	△		

2008

方位	北	北東	東	南東	南	南西	西	北西
1月			◎				○	△
2月			◎	○		△		◎
3月		△	◎		○			◎
4月			○	○	○			
5月		○	○	○	○			
6月			○	◎	○			
7月				○		◎		○
8月			◎	○		△		
9月		△	◎	○		◎		
10月		△	○					
11月			◎			△		◎
12月		△		◎	○			◎

2007

方位	北	北東	東	南東	南	南西	西	北西
1月	◎	◎			○			△
2月	◎		◎	◎	○		△	△
3月			◎					○
4月			◎					
5月	○		◎		○		△	
6月					○			○
7月	◎		○		◎			
8月	○		○		◎			
9月	◎		○		◎			
10月	◎		○		◎			△
11月	◎		◎		◎		△	△
12月			◎			△		○

六白金星の吉方位

2004

方位	北	北東	東	南東	南	南西	西	北西
1月	◎				◎			
2月			△				○	
3月			○			◎		
4月			○				◎	
5月	○				△			
6月				○	○			
7月	◎		△	○	○	◎		
8月	◎		△		△	◎		
9月	○				○	◎		
10月	◎				○			
11月			△				○	
12月			○		◎	○		

2003

方位	北	北東	東	南東	南	南西	西	北西
1月		○			◎			
2月	◎		△		○		◎	
3月	○				◎	○		
4月	◎				◎			
5月			△				○	
6月		○				○	○	
7月		○					◎	
8月	○				○			
9月	○				◎	△		
10月	◎		△		○	△		
11月	◎		△		○	○		
12月	○					○		

2006

方位	北	北東	東	南東	南	南西	西	北西
1月	○	○			◎			
2月	◎				○			
3月	○				◎			
4月	◎				◎			
5月								
6月								○
7月								○
8月	○				○			△
9月	○				◎			
10月	◎				○			
11月	◎				○			
12月	○							

2005

方位	北	北東	東	南東	南	南西	西	北西
1月		○					◎	
2月	△				○			
3月	△	◎			◎	○		
4月	○	○			◎			
5月	○	◎			○	◎		
6月		○			◎	○		
7月	○				◎			
8月								
9月		○				◎		
10月								
11月	△					○		
12月	△	◎					○	

2008

方位	北	北東	東	南東	南	南西	西	北西
1月			○				○	○
2月				○				○
3月		○			○			
4月		△	○		○	○		
5月		○	○		◎	○		
6月		○			◎			
7月				○				○
8月			○	○		△	○	
9月		△		△	◎	△		◎
10月			◎			○		◎
11月								◎
12月			○		○			

2007

方位	北	北東	東	南東	南	南西	西	北西
1月	◎				◎			△
2月			△				△	△
3月			○					○
4月			○				○	
5月								
6月								
7月			△				○	
8月			△				○	
9月								
10月								△
11月			△			△	△	
12月			○			△	△	○

STAGE·5 旅

七赤金星の吉方位

2004

方位	北	北東	東	南東	南	南西	西	北西
1月								
2月				○				○
3月				△				◎
4月				○		◎		
5月	○				△			
6月				○	○	○		◎
7月	◎				○	○		
8月	◎			△	△	○		○
9月	○				○			
10月						○		○
11月								○
12月				△				◎

2003

方位	北	北東	東	南東	南	南西	西	北西
1月		○			◎			
2月	◎			○				
3月	○		○		◎			
4月						△		
5月		△					○	
6月			○					
7月							○	
8月	○							◎
9月					◎	△		
10月	◎	△			◎	△		
11月	◎				○	○		
12月	○							◎

2006

方位	北	北東	東	南東	南	南西	西	北西
1月	○				◎		○	
2月		◎						○
3月								
4月		◎			△			
5月								
6月							○	
7月					○		○	
8月								
9月		◎			△	○		
10月		○				△		
11月		◎				○		
12月								

2005

方位	北	北東	東	南東	南	南西	西	北西
1月				○				◎
2月	△				○		◎	
3月	△				◎			
4月	○				○		◎	
5月	○							
6月					◎		◎	
7月								
8月							○	
9月							○	
10月								
11月	△				○		◎	
12月	△							

2008

方位	北	北東	東	南東	南	南西	西	北西
1月								
2月			◎				○	
3月				○				◎
4月			○					
5月				△				
6月			◎					
7月				○				○
8月			○	○			△	
9月				△			△	◎
10月								◎
11月			◎				○	
12月				○				◎

2007

方位	北	北東	東	南東	南	南西	西	北西
1月		◎						△
2月			△				△	○
3月			○					○
4月								
5月			○				○	
6月								○
7月			△					
8月								○
9月								
10月								△
11月			△				△	△
12月			○				△	○

八白土星の吉方位

2003

方位	北	北東	東	南東	南	南西	西	北西
1月		○			○			
2月	○		○					
3月						△		
4月						○		
5月	◎			○				
6月						○		
7月						○		
8月	○				△			
9月	○				○	△		
10月	◎				△	△		
11月	○					○		
12月						△		

2004

方位	北	北東	東	南東	南	南西	西	北西
1月								
2月	○		○	△	◎		○	○
3月					○			◎
4月			○			◎		
5月	△		○	○	○	○		
6月				◎				
7月	○			○				
8月		△	△	△	○	◎		◎
9月						◎		
10月								○
11月	○		○		◎	○		
12月					○			◎

2005

方位	北	北東	東	南東	南	南西	西	北西
1月		○					◎	
2月							○	
3月		○				△		
4月		◎				△		
5月							◎	
6月		○				△	◎	
7月						○		
8月							○	
9月		○				○		
10月		○					◎	
11月						○		
12月		○				△		

2006

方位	北	北東	東	南東	南	南西	西	北西
1月		◎						
2月								○
3月		◎				○		
4月		◎				◎		
5月								
6月		○				◎		
7月						◎		
8月								○
9月		○				○		
10月		◎				○		
11月								○
12月		◎			○			

2007

方位	北	北東	東	南東	南	南西	西	北西
1月		◎						△
2月	◎		◎		○		△	△
3月								○
4月		○			○			
5月	○	◎			○		△	
6月					○			
7月	○		◎		○			
8月	○	○	◎				○	
9月					○			
10月								△
11月	◎	◎	◎			△	△	
12月								○

2008

方位	北	北東	東	南東	南	南西	西	北西
1月			◎			○		
2月				◎				◎
3月		△		○				
4月		○		○				
5月				○				
6月		○						
7月				◎			◎	
8月				○				
9月		△		◎		◎	◎	
10月		△				◎		
11月								◎
12月		△			○			

STAGE・5 旅

九紫火星の吉方位

2004

方位	北	北東	東	南東	南	南西	西	北西
1月	◎				△			
2月				○				○
3月			◎			○		
4月			○	◎		○	○	
5月			○				△	
6月				○		◎		○
7月			◎			○		
8月			◎	○		◎	△	△
9月						◎	△	
10月								○
11月								○
12月			◎			○	○	

2003

方位	北	北東	東	南東	南	南西	西	北西
1月				○				
2月			◎			○		
3月			◎					
4月	◎		○		△			
5月	○				△			
6月			◎				◎	
7月			○				◎	
8月	◎		○		○		○	
9月	◎			○				
10月	◎		◎		△		◎	
11月			◎				○	
12月			○				○	

2006

方位	北	北東	東	南東	南	南西	西	北西
1月						○		
2月								○
3月								
4月	◎				△			
5月	○				△			
6月								
7月								○
8月	◎			○				
9月	◎			○				◎
10月	◎			△				
11月								○
12月								

2005

方位	北	北東	東	南東	南	南西	西	北西
1月			○	◎			○	△
2月						△		
3月		△			○			
4月					○			
5月		○			○	△		
6月		△			△	△		
7月								
8月								
9月		○			△	○		
10月		○			△	○		
11月						△		
12月		△			○			

2008

方位	北	北東	東	南東	南	南西	西	北西
1月								◎
2月			○			○		
3月		○			○			
4月			◎			◎		
5月		◎	◎		○	○		
6月		○	◎		△	○		
7月								
8月								
9月		◎			△	◎		
10月		◎	○		△	◎		
11月			○			○		
12月		○			○			

2007

方位	北	北東	東	南東	南	南西	西	北西
1月	◎				△			◎
2月	△				△			◎
3月								
4月								
5月	○				○			
6月					○			◎
7月	○				△			
8月								○
9月								
10月	○				△			◎
11月	△				△			◎
12月								

方位別 開運キーワード

方位によって得られる運は異なります。自分のほしい運気を持っている方位が
吉方位になったときは、これを参考に旅の計画を立てましょう。

ファッション	行動	運気	
ピンク、白、グレー、黒の服 性別に合った服装 シルバーカラーのアクセサリー	湖や川などの水辺に行く 温泉に入る 水を飲む お酒を飲む	恋愛運　信頼を得る 愛情を深める 目上の人に引き立てられる 金運	北
白い服（赤をポイントに） 新しい白い下着 ベルトをする	山などの高い場所に登る 朝日を浴びる 風景写真を撮る キレイな景色を見る	財運　貯蓄運 不動産運 転職運　変化運 自己改革	北東
水色や赤のデニムやコットン素材 若々しい服装 流行の服	テーマパークやアミューズメントパークへ行く 流行の映画やミュージカルを見る スポーツする	仕事運 発展運 情報運 若返り 語学力アップ	東
オレンジや黄緑のゆったりした服 花柄 ミュールやサンダルを履く	ショッピング 駅や空港で写真を撮る フラワーパークへ行く	旅行運 人間関係運 結婚運 恋愛運	南東

STAGE·5 旅

凶方位 対処法	その他	おみやげ	食事	ホテル
お酒を飲みすぎない お金を余分に持っていく 愚痴や人の悪口を言わない 異性との性的なトラブルに注意 旅行話を人に話さない	ゆとりのある旅行スケジュール 日ごろのストレスを取る	小銭入れ ハンカチ 地酒 水菓子	日本酒 牛乳 豆腐料理 魚料理 アイスクリーム	温泉（特に露天風呂）のある宿 離れのある宿
ぜいたくな旅行 常備薬を持参 持っていったお金は使い切る 天然塩を持っていく 少し高級な服を着ていく 白いハンカチを持っていく	普段やらないようなことをして、非日常の変化を楽しむ	木製のもの お菓子 植木	牛肉 和菓子 ヨーグルト りんごジュース	上層階の景色がいい部屋
計画的で早めの行動をとる 帽子をかぶる 時報で時計を合わせる 携帯電話の着信音を変える	自分の好きな音楽を聴きながら行く 自宅に電話をかける	CD 携帯ストラップ キャラクターもの 時計	寿司 酸っぱいもの いちご 産地で穫れた果物	最新流行のホテル
シトラスノートの香水を持っていく 夜ふかししない 傘を持参 きっちりメイクしていく 旅行話を人に話さない	アロマテラピーのマッサージ メールを送る	香水 ネイル　下着 アクセサリー メイクグッズ 小物	麺類 ハーブティー 果実酒 オレンジジュース	明るくて清潔な風通しの良い部屋

方位別 開運キーワード

ファッション	行動	運気	方位
明るいグリーン系で肌の出る服 ゴールドのアクセサリー リゾートファッション	海辺のレストランやカフェへ行く 太陽の光を浴びる 海水浴 アウトドア	人気運 美容運 直感力アップ 悪縁を切る	南
落ち着いたグリーン系やパステルイエローの服 ローヒールの靴 ローファー 右手首に時計かブレスレット	たくさん歩く アウトレットやディスカウントショップに立ち寄る ゴルフをする	不動産運 家庭運 健康運 子供を授かる 努力する	南西
イエロー系かピンクのラウンドネック ブランドもの ヒマワリ柄	神社・仏閣をまわり、鈴を買って財布につける 夕方に銀行に寄ってお金を引き出す カラオケに行く	金運 商売運 恋愛運 性格が明るくなる	西
クリーム色、ベージュ、淡いピンクのセットアップ ストライプ柄 襟のついた服 左手にアクセサリー	有名な神社・仏閣・教会に行き、写真を撮って自宅に飾る カジノなどに行き、ギャンブルに負けてくる アウトドアスポーツをする	財運 事業運 仕事運 スポンサー運	北西

STAGE·5 旅

凶方位対処法	その他	おみやげ	食事	ホテル
単独行動を避ける 日焼けを避ける ブラウン系のサングラスをかける 手足を隠すファッションをする ケンカをしない	二人で行く 神社に参拝する 髪を切って出かける	サングラス ピアス イヤリング クリスタル製品 ボディケアグッズ	魚介類 炭火焼き 揚げもの フルーツジュース	スパやエステなどのサービスが調ったホテル
乗り物を多く使い極力歩かない 格安のホテルに泊まらない 早めに寝る 旅先で高価なものを買わない 胃腸薬を持参 生ものを食べない	安い費用で賢い旅行 家族旅行 手づくり体験をする	普段使いの陶器製品 お茶 バーゲン品	煮物　みそ料理 果物　魚 お茶 野菜ジュース 日本酒	低い階の和風旅館 女将のいる宿
無駄遣いしてくる 細かく両替したお金を持っていく タートルネックや高価な服を着る お酒を飲みすぎない 異性とのトラブルに注意	グルメ旅行 歯をしっかり磨く 夕日を見る	財布　酒 口紅　お菓子 ワイン ブランド品 食器	甘いもの ワイン　地ビール デザート いつもよりゴージャスな食事	ラウンジや喫茶店のあるホテル
神社に参拝する 募金をする 大金を持っていかない 大きな計画や話に乗らない お墓参りに行く	高尚な旅にする お金を余分に持っていく	ブランド品 高級感のある時計 アクセサリー 老舗のお菓子	懐石やフレンチなどのコース料理 お米　地酒 果物	由緒ある老舗旅館やホテル

風水的オススメSPOT大公開！

風水では、パワースポットを「龍穴」と呼びます。強いパワーを持つ気がわき出す大地の「ツボ」＝「龍穴」。吉方位旅行のときに、これらの場所が近くにあればぜひ立ち寄りましょう。必然的に良い気を吸収できます。

国内編

まだまだたくさんありますが、気軽に行ける代表的な所を紹介します。神社仏閣は宗教とは関係なく、気軽に訪れましょう。

● 東北
【秋田】十和田湖周辺　【岩手】早地峯（はやちね）神社、南部城趾　【山形】出羽三山神社　【宮城】瑞鳳殿（ずいほうでん）、塩竈（しおがま）神社、大崎八幡宮

● 関東
【東京】皇居、明治神宮、武蔵陵墓地　【神奈川】関帝廟、鶴岡（つるがおか）八幡宮、箱根神社、大山阿夫利（おおやまあふり）神社　【埼玉】三峯（みつみね）神社　【千葉】香取（かとり）神宮、玉前神社　【栃木】日光東照宮、二荒山（ふたらさん）神社　【群馬】水沢観音、榛名（はるな）神社、少林寺　【山梨】金桜神社

● 信越・北陸
【新潟】弥彦神社　【長野】諏訪（すわ）大社、万治（まんじ）の石仏、戸隠（とがくし）神社、穂高神社　【石川】白山比咩（しらやまひめ）神社

● 東海
【静岡】富士山本宮浅間（せんげん）大社、久能山東照宮、三嶋大社

● 近畿
【京都】清水（きよみず）寺、八坂神社、上賀茂（かみがも）神社、下鴨（しもがも）神社、知恩院、泉涌寺　【滋賀】石山寺、日吉大社　【奈良】大神（おおみわ）神社、橿原（かしはら）神宮、天河大弁財天社　【和歌山】熊野本宮大社、那智大社、熊野速玉大社

STAGE・5 旅

海外編

特に金運アップに効果的な3方位を厳選して紹介。ただし海外といえど、日本から近い国では、自宅のある地域によって方位が変わる所もあります。地図できちんと確認してから出かけましょう。

● 北西

【韓国】…景福宮(キョンボックン)、宗廟(チョンミョ)、釜山龍宮寺(プサンヨングンサ)

※九州からは北になる場合もあるので、自分の家から方位を測ること。

● 西

【イギリス】…ホワイトホースの丘、ストーンヘンジ

【イタリア】…ミラノのドゥオーモ（ミラノ大聖堂）、フィレンツェのドゥオーモ（花の聖母寺）、ベネチア

● 北東

【カナダ】…バンフの温泉

※名称は正式ではないものもあります。

【三重】伊勢神宮

● 中国・四国

【島根】八重垣神社、出雲大社、一畑薬師(いちばたやくし)、熊野神社

【岡山】吉備津神社(きびつ)

【愛媛】大山祇神社(おおやまづみ)

● 九州・沖縄

【福岡】宗像大社(むなかた)、香椎宮(かしいぐう)

【宮崎】高千穂神社(たかちほ)

【鹿児島】霧島神宮

【沖縄】首里城、斎場御嶽(せいふぁうたき)

温泉に浸かって開運&リフレッシュ！

　「地球のスープ」ともいえる温泉は、五行の気すべてが詰まっているので、大地の気を吸収するには最適です。特に源泉はパワーが強く、体への吸収率も高いので、運気アップの即効性があります。吉方位に出かけたとき、近くに温泉があるなら忘れずに入りたいもの。また、露天風呂は天からの気も受けられるので、さらに効果的です。

　温泉に入るときに大切なのが、回数を多くすること。体に負担がかかる長湯よりも、こまめに運気を吸収できるからです。また飲用できる温泉は、口から運気を取り込むためにも必ず飲みましょう。

　どこの温泉でもいいのですが、泉質によって、取れる運が微妙に変わってきます。特に金運に良いとされるのは、次の3つです。

- 硫黄泉…金気のがんこな滞りを解消するので、金の回りが良くなります。
- 硫酸塩泉…金気を妨げるものを取り除くので収入アップ。ただし長湯は禁物。
- 含鉄泉…強い意志を持ちたい人には効果的。お金にルーズな人はぜひ入りましょう。

STAGE 6

Advice

即効性抜群！金運風水エトセトラ

金運風水 Q&A

金運にまつわる具体的な悩みを解決。
同じ悩みを持つ人はぜひ参考にしましょう！

Q 現金をゲットするには？

A 西方位を整えて活用することが重要です。家の西方位をキレイに掃除し、西方位に適した花（P44参照）を飾ります。就寝30分くらい前には、アロマグッズで柑橘系の香りを楽しみながら、川の音や、ラブソング系で歌声の入っていない曲を流します。ともに水の気を持っているので、人が水になる睡眠時間に聞くことで即効性が期待できます。

また、少しずつでも持っている現金を、自分が楽しいと思うことに使いましょう。がまんして何も買わないでいると、金運は停滞してしまいます。そのほかのポイントとしては、西が吉方位になったら旅先で食器を購入しましょう。毎日使えば、食べ物と一緒に現金の運を得られ、思わぬ現金収入にも恵まれるでしょう。

STAGE·6 Advice

Q 給料をアップさせるには？

A これまでに紹介した金運風水に加えて、仕事運が上がる風水を実践しましょう。仕事運には東方位と北西方位を活用します。吉方位に当たるときはできる限りその方位に出かけ、インテリアも整えます。

●東方位…家またはベッドルームの東側に、テレビ、オーディオ、電話、パソコンなど、音が出るものや情報を発信するものを置きます。バランス上、難しい場合は鈴や風鈴を吊るしたり、携帯電話の置き場所を東側に。さらに青い花瓶に赤い花を3本生けて置いてください。

●北西方位…家の北西に仕事をするスペースや書斎を設けるのがベスト。無理な場合は、寝室の北西方位にスタンドを置いて常に明るくします。人からの引き立てを受け、昇進しやすくなります。洋服は明るい色のものを選ぶと、仕事の流れがスムーズになります。明るい色のスカーフやネクタイを結ぶだけでも◎。

そのほか食風水では、筍や枝豆を使ったメニューにやる気や地位を向上させる力があります。ちらし寿司は人間関係を整え、仕事を円滑にさせるパワーが。流行のものや旬のものを多く取り入れ、時の運と上昇運をつかむことも大切です。

Q ギャンブル運を上げるには？

A ギャンブル運は、金運とはまったく別のものです。ほかの運とのバランスを重視する金運とは異なり、五行や陰陽ほかすべてのバランスが崩れてこそ、威力を発揮できるのです。

この運が良い人は「火毒(かどく)」という毒が強い人で、これをあまりにも強力に持っていると、ほかの運をすり減らすことになります。ですからギャンブルは、日常に火毒を持ち込める、熱があるときや、イライラが募っているときにたしなむ程度にしておいたほうが無難です。

それでもギャンブル運をアップさせたいなら、金の気と火の気を強烈にすること。ゴールドのネックレスを身につけたり、アニマル柄の洋服を好んで着るようにしましょう。

またギャンブルで得たお金は、あとに残らないようにしましょう。そのお金で買ったものにも火毒が染みついてしまうからです。吉方位旅行や飲食で、パーッと使い切ってしまうのがベストです。

STAGE・6 Advice

Q 良い不動産を手に入れるには？

A 旅行や食事も効果的ですが、家は土台＝土を表すので、まずは室内をしっかりと整えることが大切。高品質なものと縁を結ぶ力のある北西方位と、家族の方位である南西、変化をもたらす北東方位に気を配りましょう。

●**北東方位**…絶えず花を飾りましょう。また、夜に窓を開けっぱなしにすると北東の不動産運を逃してしまうので要注意。土地との縁は陰の気が強くなると薄れるので、この方位にトイレやゴミ置場がある人は、徹底的に掃除して、全体を白でまとめます。盛り塩も効果的。

●**南西方位**…大きな窓はカーテンを二重にし、チェック柄のカーテンをかけましょう。水場がある場合は、白と組み合わせた明るく高級感のあるインテリアグッズを。

●**北西方位**…方位の気を安定させるために植木を置きます。この方位が水場になっている場合は、ベージュを基調にした落ち着いた色合いで、バランスよくまとめましょう。

そのほか狙っている物件があるなら、その場所に何度も足を運ぶと土地や家との縁がつながります。迷う場合は、朝昼夕晩の4回、足を運んでみてください。そのうえで良い物件だと感じたら、自分に合った物件です。

Q 飲食店を繁盛させるには？

A 商売運を上げるには、入口、厨房、トイレの3か所を整えることが重要で、いずれも明るく清潔に保つことが絶対条件です。

●**入口**…店の玄関なので、ここの印象が集客に大きく関わってきます。特に看板を下からの光でライティングするのがオススメです。光を左右から当てて、クロスさせればさらに効果的。逆に、ドアにポスターや紙を貼ったり、入口に空箱を置きっぱなしにするのはNGです。

●**厨房**…キッチン同様、金運を司るスペースなので28ページを参照。加えて、床を水ぶきし、常に空間の気を浄化させましょう。

●**トイレ**…植物を飾り、電球を明るくします。34ページも参照。

商売繁盛のために招き猫を置いたりしますが、実はこれはNG。店にではなく、猫のほうに金運が集まってしまうので要注意。また忙しいからといって、自分たちの食事をないがしろにするのは✕。いろいろなメニューを試し、今まで以上にグルメになることで食の運もついてきます。食関係の趣味を充実させるのも◎です。

STAGE・6 Advice

Q ダイエットや整形は良くないって本当？

A 風水では、金運はふっくらした体形の人ほど良いと考えます。逆に痩せすぎの人は、良くないと考えるので、過度のダイエットは、金運アップには向かない行為です。それは「痩せる」ことが、金気を燃やす火の気を使うことで起きるからです。同じ原理で、火の気を持つまぶたなどを切開する美容整形も、金運には大敵といえるでしょう。

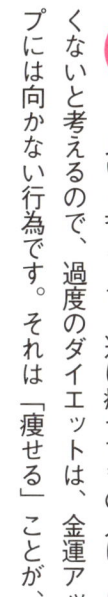

そうとはいえ、どうしてもキレイになりたいのが女性の心理。どうしてもダイエットをして痩せたいのであれば、秋は避けるようにしましょう。秋は金気が満ちる季節なので、この時季に金と相性の悪い火の気を強める行動（ダイエット）をしてしまうと、金運アップに大ダメージを与えてしまいます。それでも秋にダイエットをしたいなら、食事療法以外の方法を試してください。ただし秋以外でも、食事を抜いたり極端に減らしたりの無理は、運気にも健康にも害を与えます。今は骨盤矯正や生理周期を利用した方法などいろいろあるので、なるべくそうした方法を試してみましょう。

美容整形も顔にメスを入れるのではなく、まずはコラーゲンパックをする、エステに通うなど、別の方法を取り入れてみましょう。それでもメスを入れる方法が必要であれば、西方位に花を飾る、吉方位のときに温泉旅行をするなどして、失われやすい運を補っていきましょう。

Q なぜかお金が貯まらない…

A 相応の収入があり無駄遣いもあまりしていないのに、お金が貯まらないとしたら、貯蓄運が下がっているのが原因。貯蓄運を上げるには、収納を徹底的に見直しましょう。キレイに掃除して、不要な物はすべて処分。女性なら2年以上袖を通していない衣類を、男性ならいらない書類を処分しましょう。また収納の使い勝手を良くすることも大切です。

貯蓄運を上げるのにベストな収納方法は、かご収納を増やすこと。かごの編み目は土の気を持ち、金気を落ち着かせます。同じく土の気を増やすために、庭やベランダでガーデニングをしてみるのもいいでしょう。

そのほかキッチンを整え（P28参照）、北東方位に合った花（P45参照）を飾ります。さらに飲み水を吉方位のものに変えてください。いくつか吉方位がある場合は、①北東 ②南西 ③北西 ④西、それ以外の方位と、優先順位をつけて飲みましょう。

また北東方位に吉方位旅行をすれば、自然にお金が貯まる体質になっていきます。

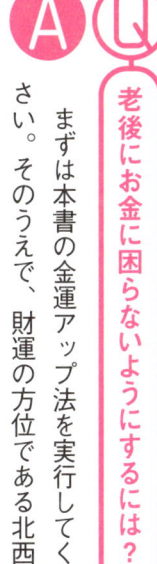

STAGE・6 Advice

Q 老後にお金に困らないようにするには？

A まずは本書の金運アップ法を実行してください。そのうえで、財運の方位である北西と、貯蓄運や跡取りの運のある北東を整えてください。この場合は、現金の方位である西よりも、北西、北東が重要になるのです。

● **老後は「独力で」生活したいと思っている人**
北西が吉方位になったら、必ず出かけるようにしましょう。また、北西方位にある金融機関で口座を開き、貯蓄することも有効です。

● **「跡取りと一緒に」生活したいと思っている人**
北東方位のインテリアを整えましょう。その際、陰の気が強い場所（トイレや水場）には盛り塩を欠かさずに。ただし他人からは見えないよう、ポプリポットに入れるなど配慮してください。盛り塩は見た人に怪しげな印象を与えてしまうと、空間の運気を下げてしまうからです。3日に一度は取り換えて、古い塩は流水でキレイに洗い流しましょう。
また、跡目を継がせたいと思っている人と吉方位旅行をするのもオススメです。この場合は、自分とその人の両方が吉方位になる場所を選ぶようにしてください。

Q 気がつけばローンの山…対処法を教えて！

A いつの間にかたくさんのローンを組んでしまうということは、金銭における計画性と浪費癖を改善しなければなりません。浪費癖を直すには、金運を司るキッチン（P28参照）とお金の置き場所（P37参照）を見直しましょう。これを風水的に整えておかないと、またすぐに浪費が始まってしまうので要注意です。

また計画性をしっかりと持つために、ブロック柄を生活に取り入れましょう。積み重なっていく形を目にすることで、自分の中の計画性を育てていくことができます。

そのほか、次のポイントをおさえましょう。
● 真っ黄色でプラスチック製の家具や収納を使わない。
● 原色使用のファッションを控える。
● さらに計画性を身につけるために、みかんやブロッコリーなど、房状のものを食べる。
● イライラから衝動買いに走っている可能性があるので、朝日をしっかり浴びて、体内に溜まった毒を浄化する。

STAGE·6 Advice

Q 玉の輿に乗るには？

A 玉の輿に乗りたい、と女性なら多少なりとも思うことでしょう。ただし縁は、自分の目線と同じ人を連れてきてしまう性質を持っています。どうしても玉の輿に乗りたいのであれば、今の自分をしっかりと見直して、目線だけでも上げる努力が必要です。意識のうえで自分のグレードを上げなければ、グレードの高い人と出会うことは、あり得ないからです。

玉の輿に乗るために、まずは自分自身を変えていきましょう。持ち物にハイクラスなブランドものを取り入れる、上品なイメージのアンサンブルやパールのアクセサリーを身につける、などイメージづくりから始めてみましょう。

また、趣味を充実させるなど、心の中に「豊かさ」を実感できる環境をつくることも大切。中でも、常に笑顔でいることが、自分のグレードを引き上げてくれる最も効果的な方法です。

用語集

あ行

陰陽説…すべてのものには「陰」と「陽」の気があり、そのふたつは対立しあいながらも支え合う関係であるとの説

旺気…人体や運気に良い影響を与える気

音霊…音の調子に込められる気

か行

火毒…火の気が強すぎることで体内に蓄積される毒

気…万物に備わっているエネルギー

吉方位…旅行や外出など、家から離れて動くときの運を上げる方角

九星（本命星）…生まれ年から割り出す9つの星。それぞれの星で吉方位なども異なる

凶意…悪い意味合い。運気を脅かすもの

凶方位…吉方位とは逆に、運を下げる方角

五行説…すべてのものは「木」「火」「土」「金」「水」の5つの要素で成り立ち、いずれかに分類されるとの説

言霊…言葉に込められる気

さ行

座山…風水を実践するための基本となる大切な方位。室内のメインカラーの決定などに用いる

煞気…人体や運気に悪い影響を与える気

象意…それぞれの気が持つ象徴的な意味

た行

第三の目…眉間にあるとされる目。これが開眼すれば、直感力などが格段に上がる

毒…体や心に蓄積される悪いストレスのようなもの。運の吸収率を低下させる

は行

風穴…体に開いた穴。特にピアスの穴など、不自然に開けたものや開いたもの

ら行

龍穴…強いパワーを持った、良い気がわき出す大地のツボ

おわりに

　金運は「楽しく笑っていられる自分をつくる運」。それは運というものが意識されたであろう大昔から不変です。金運の象意である飲食や人からの援助は「楽しく笑っていられる自分」に欠かせないもの。ましてお金は今の世で、これなしには幸せはほど遠いと思わせるほどです。

　また、金運は丸い形ですから、きちんと本来の使い方をしてあげれば、丸く動いて自分に返ってくるはずなのです。返ってこないのは、金運を本来の役割通り活用できていないか、自分の環境に金運の妨げとなるものが多いかです。もう一度自分の環境を見回してみてください。

　お金のために諍いが起こることも多いので、お金は「悪いもの」「汚いもの」と思われがちですが、金運に関するものは実はどんな運よりも人を幸せにする力を持っています。あなたも金運がアップすれば、必ず今までよりももっと「幸せな自分」を発見できます。衣食住を整えるのが面倒なら、まず笑顔から始めてみてください。「自然に楽しく笑っている自分」に気づいたとき、金運は向こうからやってきてくれるのですから。

李家幽竹
りのいえゆうちく

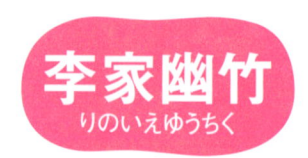

Rinoie Yuchiku

韓国・李朝風水師

「風水は環境を整えることで運を呼ぶ環境学」という考えのもと、衣食住から行動までさまざまな分野でアドバイスを行っている。鑑定、講演、セミナーを中心に、テレビ、ラジオでも活躍。著書に「インテリア風水」「幸せになる風水暦」（永岡書店）、「花風水」「恋愛風水」「幸せを呼ぶインテリア風水」（ワニブックス）、「運のいい人の仕事の習慣」（ダイヤモンド社）など多数。ホームページ「fu-style」(http://www.fu-style.jp)、iモード・ボーダフォンライブ！(旧J-SKY)での携帯サイト「恋する風水」も好評。

問い合わせ先
☎ 03-5722-8422
オフィスユウチク

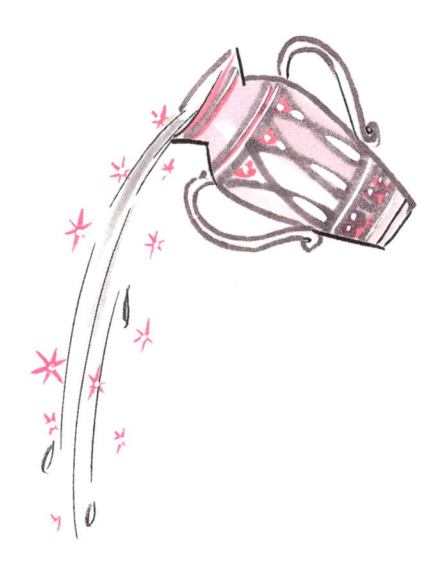

本文デザイン　ダグハウス（佐藤智彦、佐々木恵実）
本文イラスト　ツグヲ・ホン多
編 集 協 力　ダグハウス

幸せいっぱい！
金運風水

著　者	李家幽竹
発行者	高橋秀雄
編集者	鈴木めぐみ
印刷所	フクイン
発行所	高橋書店

〒112-0013
東京都文京区音羽1-22-13
電話 03-3943-4525（販売）／03-3943-4529（編集）
FAX 03-3943-6591（販売）／03-3943-5790（編集）
振替 00110-0-350650

ISBN4-471-12330-0
©RINOIE Yuchiku　Printed in Japan
本書の内容を許可なく転載することを禁じます。
定価はカバーに表示してあります。乱丁・落丁は小社にてお取り替えいたします。
C－4－⑩